JÉSUS EST VIVANT,

JE L'AI RENCONTRÉ

par Édimag inc., pour Évangélisation 2000
C. P. 325, Succursale Rosemont
Montréal, Canada H1X 3B8
Téléphone: (514) 522-2244
Télécopieur: (514) 522-6301
Courrier électronique: pnadeau@edimag.com

Éditeur: Pierre Nadeau
Éditeur délégué: Sylvain Charron
Photo: René Robitaille

Dépôt légal: Quatrième trimestre 1995
Bibliothèque nationale du Québec
Bibliothèque nationale du Canada

ISBN: 2-921920-06-9

Édition originale: octobre 1995
Première réimpression: décembre 1995
Deuxième réimpression: octobre 1997

JÉSUS EST VIVANT,

JE L'AI RENCONTRÉ

par Jean Ravary, prêtre

DISTRIBUTEURS EXCLUSIFS

Pour le Canada et les États-Unis
Les Messageries adp
955, rue Amherst
Montréal (Québec) H2L 3K4
Tél.: (514) 523-1182
Télécopieur: (514) 939-0406

Pour la Suisse
Transat S.A.
Route des Jeunes, 4 Ter
C.P. 1210
1 211 Genève 26
Tél.: (41-22) 342-77-40
Télécopieur: (41-22) 343-46-46

Pour la France et la Belgique:
Stendhal Diffusion
122 rue Marcel Hartmann
94200 Ivry sur Seine
Tél.: 49-59-50-50
Télécopieur: 46-71-05-06

TABLE DES MATIÈRES

CONCLUSION

AVANT-PROPOS

UN APPEL À LA RÉFLEXION

«QUELLE PRÉTENTION!» vous êtes-vous sans doute dit à la lecture du titre de ce livre. «Comment donc peut-il prétendre avoir rencontré l'Éternel?»

Car je ne suis ni médium ni clairvoyant; je n'ai pas l'intention de vous prédire l'avenir selon les astres et je n'ai pas, non plus, de solutions miracles à vous proposer pour régler tous vos problèmes.

Pour dire vrai, je ne suis que quelqu'un de bien ordinaire — prêtre depuis vingt-sept ans — mais qui a néanmoins vécu bon nombre d'expériences qui m'ont convaincu, prouvé, que le Christ, fils de Dieu, est *vivant* et *agissant* au-delà du temps et de l'espace.

DEPUIS 1968, SEUL, MAIS AUSSI PARFOIS EN ÉQUIPE,

j'ai sillonné d'innombrables routes, parcouru des milliers de kilomètres, visité nombre d'endroits, de pays et de paroisses pour proclamer, tant par la prédication que par l'animation de groupes, le Message du Ressuscité.

J'ai eu le plaisir de collaborer à quelques magazines et à quelques bulletins à titre de chroniqueur; j'ai aussi eu celui d'animer, pendant trois ans, à Hull, une émission télévisée hebdomadaire intitulée *Réponds à ma soif*, où je recevais des invités qui livraient leur témoignage de foi, de vécu — c'est d'ailleurs à cette époque que j'ai réalisé l'importance des médias dans notre société. J'ai également eu la satisfaction d'animer des voyages-retraites qui ont permis à des centaines de personnes de découvrir ces lieux qui, comme la Terre Sainte ou Rome, constituent les pierres d'assises de notre foi, et de s'y recueillir.

Lorsqu'on m'a proposé d'écrire ce livre, ce à quoi je ne m'attendais pas, ayant toujours plus parlé qu'écrit, j'y ai vu une volonté toute simple du Seigneur qui me demandait de témoigner de Sa présence, non pas en faisant de la haute voltige théologique, non pas en élaborant de grandes théories sur sa nature, sa divinité, ses miracles ou son Église, mais simplement en en parlant en mots simples, ordinaires. Je sais que, ce faisant, je risque d'être jugé mais, soit dit entre nous, c'est un risque dont je me moque bien: on a porté et on porte encore, et ce sera toujours vrai dans vingt ans, des jugements sur les prêtres et sur l'Église.

Ce n'est pas moi qui y changerai quelque chose, mais je ne me tairai pas pour autant.

Je ne prétends pas être un témoin parfait, mais je refuse de laisser le monopole du discours aux tenants de l'occultisme, de l'ésotérisme et de toutes ces sciences dites du nouvel âge. Et c'est pourtant ce qui se passe, il faut bien le réaliser. Pendant que nous, chrétiens, nous nous taisons, pendant que nous hésitons à affirmer nos convictions, pendant que nous refusons de parler de l'Espérance, ce sont tous ceux-là qui, dans des articles, dans des entrevues radiodiffusées ou télédiffusées, cherchent insidieusement à nous convaincre ni plus ni moins que la foi est un signe de faiblesse chez l'humain.

Il ne faut pas — *il ne faut plus* — les laisser faire.

ON M'A SOUVENT DIT: «JEAN, TU DIS TOUT HAUT CE QUE BEAUCOUP D'AUTRES PENSENT TOUT BAS.»

J'en suis conscient et, parce que mes propos ne laissent justement pas indifférents, j'en suis fier.

Je suis prêtre et suis heureux de l'être; je ne veux faire la morale à personne, je ne veux rien prouver à qui que ce soit. Je n'ai aucun autre but que de dire Jésus-Christ, qui est la raison même de ma vie. Je pense aussi que le *peuple* de Dieu a le droit de savoir ce qui vibre dans le fond du cœur de ses prêtres.

Tout ce que je souhaite, avec ce livre, qui tient plus de l'appel à la réflexion, de l'encouragement à l'expression concrète de notre foi, c'est simplement qu'il puisse faire réfléchir les plus détachés ou les plus endurcis et, qui sait, qu'il trouve même le chemin de leur cœur.

— Jean Ravary

INTRODUCTION

J'AI MAL À MON ÉGLISE... mais cette Église, je l'aime

L'ÉGLISE N'EST PAS UNE INVENTION DE L'HOMME,

même si cette idée est souvent défendue, mais bien le prolongement du projet de Dieu, en ce sens que Dieu nous a offert son Fils, lequel nous a donné l'Église qui doit être perçue comme un instrument pour transmettre et, surtout, vivre son message.

Jésus a dit: «*Tu es Pierre et sur cette pierre je bâtirai mon Église et les portes des enfers ne pourront rien contre elle.*», et si je suis de ceux qui se nourrissent de cette certitude, cela ne m'empêche pas de constater combien cette Église est malmenée et jugée. Malgré cela, même si nous avons parfois l'impression que notre foi est menacée, je suis intimement convaincu que l'Église incarne la solidarité des croyants.

Cette Église nous rassemble et comble ce besoin que nous avons d'être ensemble et de fraterniser. N'oublions pas que nous sommes des êtres fragiles qui avons souvent besoin d'être remis dans le «droit chemin», pour reprendre cette expression peut-être un peu vieillotte mais si juste. Nous ne sommes pas parfaits, nous le savons, mais, justement, l'Église est belle grâce à la diversité de ceux qui la forment, des gens de tout âge et de toute condition, qui partagent néanmoins ce désir de vivre le même projet, des gens qui ont leur lot de malheurs, de faiblesses et de péchés. Qu'à cela ne tienne, Jésus nous dit: «Je crois en vous, à votre tour croyez en ce projet que vous devenez.»

Si j'ai mal à mon Église, c'est précisément parce que nous ne sommes pas capables de vivre le dessein de Dieu qui veut se prolonger en elle et en ses témoins; au fil des siècles, et en accéléré au cours des dernières décennies, nous avons en quelque sorte perdu cette détermination qui avait jusque-là habité les chrétiens. Pourquoi donc notre Église est-elle devenue une Église de peur, de silence et d'indifférence? Pourquoi tant tarder à se réjouir devant ce que fait Dieu? Pourquoi tous ces doutes? Pourquoi, aussi, cette fureur des théologiens à tout banaliser pour ramener finalement le projet de Jésus à quelque chose de cérébral?

Dans le groupe de prière que j'anime, il y a des jeunes, des personnes âgées, des célibataires, des couples, des personnes blessées aussi. Ils ont néanmoins tous en commun le désir d'effectuer un cheminement spirituel et, ce faisant, ils renouent avec la véritable dimension d'une *communauté,* la véritable dimension d'une Église. C'est de cette seule façon, ensemble, que nous pouvons tous nous-mêmes devenir Église, ce qui, essentiellement, signifie accepter d'être prophète, vouloir révolutionner notre société, notre monde, celui-là même qui ne croit plus en rien, par l'Évangile.

On a beaucoup critiqué l'Église — on l'a aussi rejetée dans bien des cas.

Il est vrai que ces hommes et ces femmes qui œuvrent au Vatican, sur cette pierre où Il a dit qu'il bâtirait son Église, ne sont pas des êtres qui possèdent des réponses à toutes nos questions, il faut les voir et les accepter pour ce qu'ils sont: des hommes et des femmes qui osent donner à l'Église le visage de Jésus. Quand je dis que j'ai mal à mon Église, c'est lorsque je constate l'hésitation de ses dirigeants à prendre position; c'est lorsque je m'aperçois que l'on cherche à analyser, à décortiquer, chaque manifestation de l'Esprit; c'est lorsqu'on affirme que les signes de Dieu ne sont plus de notre temps, lorsque je sens que l'on a peur d'applaudir aux miracles de l'Esprit saint, lorsqu'on exige que je garde le silence sur les guérisons dont j'ai été témoin. J'ai mal à mon Église quand elle ne présente pas un visage d'audace et de joie.

Oui, j'ai mal à mon Église lorsque des gens de tout âge disent oui à Jésus, mais non à l'Église, et s'en vont vers toutes sortes de *religions* et de sectes en pensant y trouver le remède miracle.

LORSQUE JE REGARDE TOUT CELA, JE NE PEUX QUE ME DEMANDER: MAIS OÙ DONC A-T-ON FAIT FAUSSE ROUTE?

Qu'est-ce qui a fait que nous n'avons pas réussi à transmettre ce sentiment que l'Église est le prolongement de Jésus? Qu'est-ce qui a fait que nous nous sommes repliés sur nous-mêmes? Qu'est-ce qui fait que les gens ne sentent pas que leurs prêtres sont en parfaite symbiose avec ce qu'ils disent et ce qu'ils font? Ma piste de réponse est que peut-être accordons-nous trop d'importance aux détails plutôt que de souscrire à l'essentiel. Est-ce que nous ne discutons pas, aussi, trop de structures en oubliant, de fait, l'essentiel, c'est-à-dire le cœur de l'homme? Cela me rappelle cette soirée au cours de laquelle j'animais un groupe de prière; à un moment donné, certains participants me demandèrent s'il n'était pas possible d'avoir des confesseurs. Bien sûr, ai-je dit, et j'envoyai aussitôt un participant chercher un autre prêtre au presbytère voisin. Quelques minutes plus tard, cette personne revint, seule, m'annonçant qu'aucun prêtre ne pouvait venir, qu'ils assistaient tous à une réunion où ils discutaient de la meilleure façon de rejoindre le *peuple* de Dieu!

Oui, dans ces moments-là, j'ai vraiment mal à mon Église.

J'ai mal à mon Église lorsqu'on la ridiculise à la radio, à la télévision, dans les journaux.

Et j'ai encore mal à mon Église lorsque nous-mêmes hésitons à recourir aux médias et aux nouvelles technologies pour rejoindre le public; lorsque nous écartons du revers de la main les stratégies d'approche et les cotes d'écoute; j'ai d'autant plus mal que les autres *religions* se les approprient sans vergogne, gagnant chaque jour un peu plus de terrain. Pourquoi cette peur dans l'Église? Jésus n'a-t-il pas dit: «*Vous recevrez un Esprit de force et vous serez témoins aux quatre coins de la terre.*» (Ac 1,8).

DE NOMBREUSES PERSONNES S'ÉCARTENT DE L'ÉGLISE

parce qu'elles décèlent d'importantes divergences entre le message de Jésus et le témoignage qu'on en fait. Heureusement, il y a cet homme, Jean-Paul II, l'homme de l'espérance, le pèlerin infatigable, qui ne craint pas de se laisser transformer par la lumière du Ressuscité, sans travestir, réduire ou diluer la vérité — quand, justement, sont toujours plus nombreux ceux qui propagent n'importe quoi sous prétexte de moderniser et libéraliser la théologie. Cet homme, ce pape, nous interpelle, nous dit la parole de Dieu qui doit être au cœur de notre action, nous répète aussi, surtout, que Dieu nous aime.

Je suis conscient des faiblesses de l'Église, mais je continue à dire qu'elle est le prolongement du cœur de Dieu. Elle nous apporte une vérité immuable. Elle accepte l'homme tel qu'il est, mais lui demande de vivre en cherchant sans cesse à se dépasser — dans notre Église, ce n'est pas l'homme qui est au service des idées, mais bien les idées qui sont à son service. Tout comme les hommes et les femmes qui travaillent en son sein veulent d'abord et avant tout être des témoins de la sainteté et de l'amour de Dieu. Voilà d'ailleurs les sentiments qui doivent, et devraient toujours, toujours animer l'Église: miséricorde et amour.

L'Église veut que l'on présente la Vérité de l'Évangile en interpellant le cœur de l'homme, non pas en le condamnant; Jésus a haï le péché, mais aimé le pécheur, tout comme Jean-Paul II dénonce l'homosexualité, mais embrasse le sidéen.

Je l'aime, cette Église, pour ce qu'elle apporte de fermeté face à sa doctrine, refusant du coup que chacun s'invente un Évangile à sa mesure; je remercie Dieu d'avoir donné à cette Église la force de ses convictions et l'intensité de son enseignement. C'est ce qui fait que cette Foi que l'Église nous propose ne nous confine pas à la courte réalité du moment, mais nous offre l'infini. Ce faisant, l'Église valorise l'homme puisqu'elle mise sur son intelligence et sur sa confiance.

Je l'aime, cette Église, parce qu'elle se bâtit et grandit par le pardon et la conversion; ainsi se répand la Foi quand chacun rejoint l'autre, une Foi qui devient alors inébranlable. Ne l'oublions jamais: l'Église est cette assemblée dans laquelle chacun peut et doit se retrouver pour authentifier sa foi, car Jésus est Vérité, Vie et Chemin. Il ne nous demande qu'à être son témoin. Nous rejoignons ainsi les mots de Paul VI qui, dans son encyclique sur l'évangélisation, disait: «*Le monde d'aujourd'hui a beaucoup plus besoin de témoins que de maîtres.*» Tel doit donc être le rôle de l'Église, former le témoin en chacun de nous.

TROP D'HOMMES ET DE FEMMES SONT PERSUADÉS D'ÊTRE CROYANTS PARCE QU'ILS ONT ÉTÉ BAPTISÉS; LA FOI N'EST POURTANT PAS QUELQUE CHOSE D'ACQUIS.

L'Esprit veut nous voir renouveler, affermir, développer cette foi, nous faire comprendre et ressentir l'intensité et la profondeur de la parole de Dieu et des signes qui l'accompagnent. L'Église n'est, somme toute, que l'intermédiaire entre Dieu et les hommes, en nous rendant accessibles les grands gestes d'amour de Dieu que sont les sacrements.

Je l'aime, cette Église, parce que Jésus l'a aimée le premier et nous a demandé, à nous aussi, de nous risquer à l'aimer. Et, toujours, Jésus nous renvoie à cette Église et à la puissance de son pardon — voilà la plus grande des guérisons. L'Église éclaire et enseigne, l'Église dénonce aussi, mais, surtout, l'Église pardonne. Je suis toujours bouleversé par toute guérison physique, mais je le suis encore plus lorsque je vois le pécheur se convertir après des années de questionnement et recevoir le pardon du Christ à travers l'Église.

Il n'est que trop facile de débattre de Dieu; il est plus difficile de le vivre — c'est pourtant ce que nous devons faire. Il faut cesser d'*intellectualiser* notre foi et ainsi ramener Dieu au niveau de l'idée, du concept, du principe, car ce ne sont là que des abstractions. C'est peut-être justement le malheur de notre époque que de nous inciter à nous construire un Dieu à notre mesure, alors que Dieu sera toujours immensément plus grand, plus miséricordieux et plus aimant. Ce n'est pas par notre cerveau, mais bien par notre cœur, que nous réussirons vraiment à Le rencontrer et à Le voir tel qu'Il est; l'Esprit saint nous guidera alors sur le chemin où se manifestera la puissance de Dieu, une puissance qui doit nous émerveiller et non pas nous pétrifier.

DEPUIS VATICAN II, NOUS SOMMES CONFRONTÉS À NOS RESPONSABILITÉS:

il nous est impossible de nous évader dans une doctrine que nous nous serions nous-mêmes forgée; l'Église nous dit le Dieu de Jésus-Christ, écartant fermement, mais sereinement, ce Dieu que les uns et les autres avaient parfois *adapté* aux époques et aux modes. Jamais l'Église n'a été aussi claire que maintenant, mais c'est ainsi que grandit l'homme, en faisant face à ses libertés, mais aussi à ses responsabilités.

Oui, je l'aime, cette Église. Parce qu'elle est belle.

Je l'aime, cette Église, parce qu'elle est incarnée, parce qu'elle porte des ferments d'espérance qui révèlent le Ressuscité à travers nos gestes.

JE VOUS PROPOSE DONC DE DEVENIR DAVANTAGE ÉGLISE

— une Église de Feu. Parce que, précisément, si notre Église semble parfois pâle, c'est qu'elle manque de lumière. Le jour où il y aura du *feu* dans nos communautés, le jour où l'on sentira que les prêtres, les chrétiens, les baptisés sont des témoins de lumière, la flamme de l'Espérance sera si haute et si forte qu'elle ne pourra qu'attirer les curieux, les incrédules, qui, eux-mêmes, alors, s'exclameront: «*Jésus est vivant, je l'ai rencontré.*»

PREMIÈRE PARTIE

L'ÉGLISE QUI PEUT DÉPLACER LES MONTAGNES...

APPRENDRE À COMMUNIQUER

LE MESSAGE DE JÉSUS

«LE MESSAGE DE L'ÉGLISE N'EST PAS ADAPTÉ AUX MÉDIAS MODERNES»

soulignait Claude Masson, éditeur adjoint de *La Presse*, dans une conférence donnée aux communicateurs religieux catholiques il y a maintenant quelques années. J'y reviens aujourd'hui, parce que l'essentiel de son message est toujours d'actualité et, surtout, que les lacunes qu'il relevait n'ont toujours pas trouvé solutions. «*Le problème,* disait-il — et c'est toujours vrai en 1995 —, *c'est que l'Église est toujours vue de l'extérieur comme une institution, une organisation, plutôt que comme un monde vivant, une possible réponse aux angoisses de l'homme.*»

En fait, nous avons substitué la structure à la vie.

J'aime l'Église, je l'ai dit et répété — et je le répéterai encore — mais cela ne doit pas nous empêcher de relever ses faiblesses pour les corriger. Et celle-là, à mon avis, en est une d'importance.

Nous parlons souvent de *comités,* de campagnes de financement, d'actions positives, de *comment,* et malgré nos gestes qui ont des effets positifs sur le quotidien des fidèles, nous oublions trop souvent ce qui motive l'espérance des chrétiens et leur donne le goût et le désir d'avancer. Monsieur Masson soulignait, dans cette même communication: «*Jésus est sans doute plus important que Jean-Paul II. Pourtant, les journaux parlent bien moins souvent de Jésus que de Jean-Paul II!*» Il est vrai que ce dernier défraie souvent les manchettes des actualités et s'impose comme un homme à la stature hors du commun. Il n'en demeure pas moins, toutefois, que nous devrions également prendre le temps d'exprimer concrètement, en mots simples, en phrases claires, voire *accrocheuses*, ce qui se vit de beau et de bon dans notre Église, pour encourager et aiguillonner l'espérance.

Mais le faisons-nous — le faisons-nous *vraiment*?

POSER LA QUESTION, C'EST Y RÉPONDRE.

Nous avons encore trop souvent l'impression que l'Église avance sur la pointe des pieds, tergiversant devant des phénomènes ou des problèmes sociaux qui ne cessent de prendre de l'ampleur: que l'on pense à la distribution de seringues aux prisonniers, à l'installation de distributrices de condoms dans les écoles, à la propagation de l'occultisme et de l'ésotérisme dans toutes les couches de notre société. L'Église semble n'avoir rien à dire aux jeunes, ni aux plus âgés; les premiers usant d'une liberté dont ils ne savent prendre la mesure ni en mesurer les conséquences, les seconds regrettant les incartades qu'ils n'ont pu commettre dans leur jeunesse parce que la morale et les valeurs les en empêchaient.

L'Église se fait trop hésitante...

Pourquoi ne pas former un groupe de prêtres et de laïcs qui pourrait — qui oserait — prendre la place qui lui revient dans les médias? Je sais pertinemment que tous ne peuvent le faire, que certains ne se sentent pas à l'aise d'agir dans ce domaine, et c'est compréhensible. Mais est-il compréhensible qu'il n'y ait *personne* à revendiquer cette place?

Il y a là, à mon sens, un grave péché d'omission.

Bien sûr, il y a des efforts faits ces derniers temps dans ces nouveaux postes de radio religieuse, mais encore là, dans ces terrains spécialisés et ecclésiaux, y trouverons-nous la brebis perdue qui cherche? Il faut oser aussi se retrouver là où les masses se trouvent, dans des médias déjà existants!

L'EXPRESSION DE LA FOI DANS LES MÉDIAS GRAND PUBLIC EST CERTES TOLÉRÉE, MAIS ELLE N'EST PAS ENCOURAGÉE.

Après cela, comment s'étonner que la vision qu'a Jésus de notre société, pour ne pas dire de notre monde, soit occultée et que l'on considère, fois après fois, que l'Église craint de s'impliquer? Nous sommes pourtant là, nous, pasteurs, à mettre nos forces au service de ces paroissiens qui continuent de nous fréquenter les dimanches.

Pendant que nous continuons d'essayer de comprendre comment nous pourrions affirmer notre présence, les pages des journaux et les ondes des radios et des télévisions sont littéralement prises d'assaut par les apologistes de l'ésotérisme et de l'occultisme et le public se crée de fausses idoles dans la personne de ces animateurs qui s'inscrivent dans la tendance des *sciences* du nouvel âge.

Pendant que nous continuons d'essayer de comprendre comment... comment... et comment... on tait le message de Jésus.

Est-ce vraiment ce que nous voulons comme communauté, comme société?

Moi, non.

QUESTION D'AUTORITÉ

L'ÉGLISE DOIT RESTER DEBOUT

JE NE ME SOUVIENS PLUS DE L'ENDROIT OÙ C'ÉTAIT, MAIS JE ME SOUVIENS ENCORE, COMME S'ILS DATAIENT D'HIER, DES PROPOS QUE L'HOMME TENAIT:

«*Que Jean-Paul II cesse de nous harceler avec ses lubies. Que l'Église cesse donc de se mêler de ce qui ne la regarde pas! Qu'elle cesse de se prendre pour ce qu'elle n'est pas et ce qu'elle ne représente pas!*» Voilà un jugement pour le moins sans nuance qui démontrait toutefois à quel point cet homme ne comprenait pas la mission d'autorité de Jean-Paul II, pas plus qu'il ne saisissait son rôle de chef de l'Église. J'accepte que l'on dise son désaccord avec l'Église, encore faut-il savoir y mettre la manière et savoir de quoi l'on parle...

OUBLIONS CES PROPOS EN TANT QUE TELS,

de nombreux autres de même nature ont souvent été prononcés. Ce que je retiens surtout d'eux, c'est qu'ils mettent en évidence le caractère éternel de l'Église.

Jugée, mise au pilori, elle n'en reste pas moins debout, tout comme au temps des premiers chrétiens. Il faut nous attendre à être accusés de mille maux et être condamnés sans droit de réplique si nous voulons rester fidèles et rendre compte de l'espérance que nous portons.

Les propos de cet homme que j'ai cités, comme de nombreux autres que vous avez vous-mêmes probablement à l'esprit, me font remarquer la stature et la force de ce colosse qu'est Jean-Paul II, qui n'a peur de rien, qui va, partout, porter la Bonne Nouvelle, qui combat le mal par le bien et qui, surtout, justement, ne craint pas d'affirmer son autorité et de tenir le rôle qui lui est dévolu.

À l'heure où la pensée et l'enseignement de l'Église sont jugés dépassés et rétrogrades, nombreux sont ceux qui voudraient que l'on puisse, chacun, établir nos propres normes. Il est donc essentiel et impérieux que nous nous tenions debout pour témoigner que ces principes d'agir ecclésiaux sont notre meilleur garde-fou — le mot n'est pas trop fort puisque notre monde même cède trop souvent à la folie. En ce sens, l'Église nous offre la stabilité, la permanence et l'objectivité par les valeurs qu'elle prône et défend.

JE RENDS PERSONNELLEMENT GRÂCE À DIEU

pour la permanence, la fidélité et le courage de son Église, me disant que lorsqu'on la critique, c'est peut-être parce qu'elle vient nous déranger; c'est peut-être de cette façon qu'elle nous procure cette sagesse que Jésus lui-même nous a promise: «*Moi, je vous donnerai un langage et une sagesse à quoi nul de vos adversaires ne pourra résister.*» (Lc 21,15).

POUR UNE ÉGLISE SIGNIFIANTE

REDÉCOUVRIR LE SENS DE LA VÉRITABLE FRATERNITÉ

«JE CROIS EN DIEU, MAIS JE NE VEUX PLUS RIEN SAVOIR DE L'ÉGLISE...»

«On a tellement été embrigadé par l'Église que moi, j'ai "débarqué"...» «L'Église ne semble pas tellement à l'aise lorsqu'elle réalise que nous, les fidèles, nous nous sommes mis à réfléchir et que nous avons refusé de plier l'échine comme l'ont fait nos parents...» Voilà quelques-uns des commentaires qui m'ont déjà été faits et qui continuent de l'être, des commentaires qui — inutile de vous le préciser — me bouleversent profondément.

D'autres sont plus incisifs encore. L'un d'eux m'a un jour confié: «*Comme fidèle, j'estime avoir une foi forte pour accepter, comme je le fais, de voir certains prêtres célébrer l'eucharistie d'une façon si détachée qu'on a l'impression qu'ils sont ailleurs ou, plus simplement, qu'eux-mêmes n'y croient plus. Ils expédient la messe en quinze minutes alors que nous nous déplaçons pour entendre à satiété la parole de Dieu. Se peut-il qu'ils ne soient pas capables de nous la transmettre? Est-ce qu'ils ne réalisent donc pas qu'ils ont une influence considérable, néfaste dans ce cas-ci, sur nous, chrétiens? Lorsque je regarde les pasteurs protestants, c'est un violent contraste que je ressens parce que ceux-là prennent le temps de proclamer cette Parole...»*

Et je pourrais vous citer nombre d'exemples semblables.

CE SONT LÀ DES JUGEMENTS CASSANTS ET SÉVÈRES

qui, même s'ils ne sont pas sans fondement, ne reflètent pas la réalité. Mais je comprends aussi qu'il ne faut que quelques exceptions pour qu'ils deviennent généralité.

Ces jugements peuvent raffermir l'idée d'une Église qui ne colle pas aux préoccupations de ses membres. C'est quelque chose qui me blesse, certes, mais, en même temps, quelque chose qui me renvoie à moi-même et qui m'exhorte à devenir un meilleur témoin, non pas d'une structure omnisciente, mais d'une expérience personnelle de Jésus vivant.

Lorsque je regarde tous les efforts que nous faisons sur le plan de la pastorale, il me faut néanmoins constater que les chrétiens eux-mêmes doivent admettre certains torts. Nombreux sont les chrétiens qui ne sont plus habités par le sens d'appartenance à leur Église; nombreux aussi sont les chrétiens qui ont peine à exprimer une idée cohérente de leur foi; nombreux encore sont les chrétiens qui se satisfont de l'eucharistie et qui ne cherchent pas à enrichir leur foi; nombreux, enfin, sont les chrétiens qui ne se remettent pas en cause comme responsables de leur communauté.

CHACUN EST SUR SON CÔTÉ DE RIVAGE, EN QUELQUE SORTE.

Pour nous retrouver, nous devrons donc apprendre, ensemble, à redécouvrir le sens de la véritable fraternité. Cette aventure, car c'en est une, nous fera immanquablement déboucher sur une prise de conscience collective éclairée par la Parole de Dieu, laquelle nous insufflera le goût de vivre cette expérience de Jésus en risquant, de part et d'autre, de nouvelles initiatives pour que l'Église retrouve le visage que lui a façonné Jésus ressuscité.

CLARTÉ ET LUCIDITÉ

LA PUDEUR DES PRÊTRES

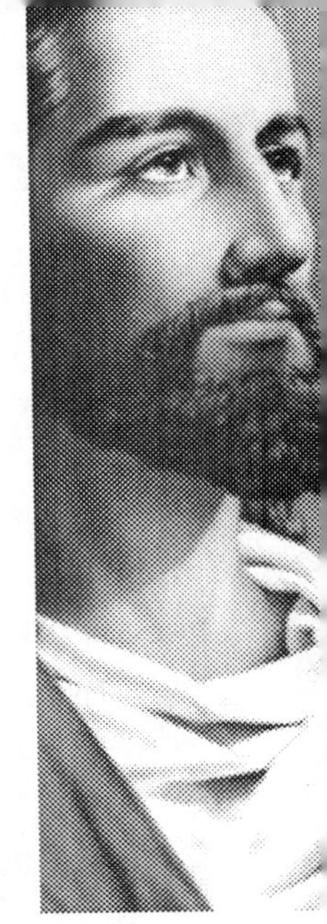

REVENDIQUER ET PRENDRE LA PLACE QUI EST LA NÔTRE, TELLE EST LA PREMIÈRE ET PRINCIPALE RESPONSABILITÉ DES PRÊTRES D'AUJOURD'HUI.

L'Église a subi tellement de critiques, et fusant de tant de parts à la fois, que plutôt que de réagir et de répondre — ou même de *contre-attaquer*, lorsqu'il ne restait plus que cette issue — elle a trop souvent choisi de se replier sur elle-même. Si certains gestes de représentants de l'Église ont effectivement été critiquables, l'Église elle-même n'a pas mérité ces attaques. La réaction de l'Église n'en a pas moins été la même et, surtout, elle a bien servi ses ennemis — et je pèse ici le mot —, toutes ces sectes qui promettent mer et monde à leurs adeptes. Les chrétiens y adhèrent d'abord et avant tout, il faut le reconnaître, parce qu'ils n'ont pu trouver dans leur véritable Église, notre Église catholique, le sens à donner à leur vie.

Alors, c'est ailleurs qu'ils sont allés chercher...

Ce phénomène nous renvoie néanmoins directement à nous-mêmes: à nous, prêtres, *transmetteurs* de la Parole de Dieu; à nous, chrétiens, qui, trop souvent, ne sommes pas prêts à fournir suffisamment d'efforts pour vivre une expérience adulte de notre foi. J'en ai comme preuve ces propositions que nous faisons pour les préparations aux sacrements, qu'ils soient de baptême, de confirmation, de mariage, d'eucharistie ou de pardon; les chrétiens les trouvent toujours superflues — tant d'ailleurs qu'ils parviennent même, parfois, à nous culpabiliser sur l'à-propos de ces préparations! Ce n'est qu'un exemple. Il y en aurait de nombreux autres. Qu'on pense notamment aux enseignements propagés dans les écoles, les cégeps et même les universités où n'importe quelle philosophie ou doctrine, sous prétexte qu'elle est à la mode, a préséance sur un enseignement religieux. Mais certains agents de pastorale, dans les paroisses, ne sont pas exempts de tout blâme, certains d'entre eux, sans en être nécessairement des adeptes, disent comprendre et tolérer diverses branches de l'ésotérisme, telles l'astrologie ou la réincarnation pour ne nommer que celles-là.

Ce ne serait peut-être pas condamnable si nous n'en étions pas, aujourd'hui, à présenter toute démarche religieuse, ou d'inspiration religieuse, comme une aliénation.

JE DIS: C'EST ASSEZ! JE DIS: CESSONS DE FAIRE PREUVE DE PUDEUR.

Prenons cette place qui nous revient de plein droit dans notre société et dénonçons ces révisionnistes et leurs pseudo-vérités. Cessons de ménager la chèvre et le chou; cessons de mâcher nos mots; cessons de chercher à épargner les susceptibilités des uns et des autres.

Les épiscopats doivent être lucides et clairs, appeler les choses par leur nom et refuser de fermer les yeux devant tous ceux-là qui tronquent la vérité.

Comment se fait-il que nous soyons si prudes pour parler de Jésus entre nous?

Comment se fait-il que nous soyons si timides devant cet acte de foi envers Jésus que constitue la prière, qui nous apporte le discernement?

Comment se fait-il que nous, ecclésiastiques, fassions preuve de tant de réserve — de gêne — au moment où nous devrions aller l'un vers l'autre pour essayer, ensemble, de comprendre; pour essayer, ensemble, de résoudre les problèmes auxquels nous sommes confrontés?

Autant de questions sur lesquelles nous devons tous, chrétiens et pasteurs, nous pencher, en souhaitant l'émergence d'une Espérance nouvelle en ces temps si importants pour le devenir de notre Église.

RENOUVEAU CHARISMATIQUE (1)

LA FOI DES SENTIMENTS

JE NE COMPRENDS PAS QU'ON NE CESSE DE DÉCRIER, POUR NE PAS DIRE DÉNIGRER, CE COURANT SPIRITUEL QUI A POUR NOM LE RENOUVEAU CHARISMATIQUE.

Je comprends d'autant moins que cet *enthousiasme* spirituel s'inscrit dans la ligne directe de la Nouvelle Pentecôte, souhaitée par le bon pape Jean XXIII lors de l'ouverture du Concile Vatican II.

J'ai personnellement participé, en 1984, à Rome, à la première retraite sacerdotale du Renouveau charismatique, placée sous le thème «*Appel à la Sainteté*» et à laquelle participèrent pas moins de 6 000 prêtres et diacres venus d'une centaine de pays. Je me rappelle, et je me rappellerai toujours, ces cinq jours que nous avons passés à partager les enseignements et les expériences de prière; de cette fraternité qui prévalait entre les prêtres et les évêques de toutes ces paroisses et de tous ces diocèses du monde.

Je me souviens, non sans émotion, de nous tous, agenouillés dans la Basilique Saint-Pierre de Rome, priant devant le Saint-Sacrement — un moment qui nous faisait prendre pleinement conscience que la prière prolongée est le seul instrument véritable de notre pastorale.

Je me souviens aussi de Mère Teresa, une toute petite femme, mais si grande de sainteté, nous disant: «*Le peuple de Dieu a besoin de prêtres qui sont des saints. Il a le droit d'exiger cela de vous.*» Personne ne lui contesta son ton d'autorité puisque nous savions tous — nous le ressentions au plus profond de nous-mêmes — que ses propos n'étaient que le reflet de ce qu'elle exigeait d'elle-même.

Je revois, enfin, cette longue procession de plus d'un kilomètre de prêtres, de diacres et d'évêques, en rangée de six, tous en aube blanche, pénétrer d'un pas tranquille, la paix au cœur, dans la Basilique Saint-Pierre pour assister à la messe de clôture célébrée par le pape Jean-Paul II, un pape d'ailleurs si ému de l'accueil qui lui fut réservé et de l'intensité de la concélébration qu'il ne parvint pas à retenir ses larmes.

Cette expérience fut vivifiante comme aucune autre — et tous nous partageaient cette impression.

Si Mère Teresa et si Jean-Paul II participent à une telle expérience, alors je me demande pourquoi celle-ci devrait être condamnable pour le chrétien de nos paroisses?

L'expérience que j'ai vécue à Rome en 1984, et qui se répéta en 1990, montre l'importance, en nombre et en ferveur, de ce mouvement de Renouveau charismatique.

Mais nul besoin d'aller si loin pour constater cet enthousiasme. Ces assemblées accueillent des centaines et des milliers de chrétiens dans nos paroisses. Ils ont *plaisir* — un mot suspect lorsqu'on parle de foi — à écouter la Parole de Dieu, à le célébrer et à le remercier de la grande invitation d'Amour qu'est son Église; j'ai vu aussi, dans ces assemblées, des gens identifier leurs blessures et les présenter au Seigneur afin qu'Il les guérisse; j'ai vu encore les fruits de ce grand Renouveau de prière qui permet à de plus en plus de chrétiens d'aujourd'hui de saisir la pertinence du message de l'Évangile; j'ai vu, enfin, la confirmation mise en œuvre par l'exercice des charismes — et j'y crois.

Non, n'en déplaise à certains, le Renouveau charismatique n'est pas réservé aux marginaux de la foi. À ceux qui décrient cette foi des sentiments, j'oppose la foi de l'intellectualisme — à tout rationaliser, à mesurer nos pas et nos mots, nous avons perdu contact avec le chrétien qui veut *vivre* l'expérience de Dieu.

Je comprends aussi que l'*engouement* puisse effrayer, car on en a perdu l'habitude...

QU'ON ME QUALIFIE DE SIMPLISTE, SOIT! MAIS QU'ON NE FASSE PAS OBSTACLE À CE QUE LA PUISSANCE DE DIEU PEUT ACCOMPLIR.

Je respecte mes confrères qui ne partagent pas mes idées, je respecte leurs opinions et leurs vues. Mais je n'en garde pas moins à l'esprit que l'importance de l'Église est tributaire du Message de Jésus et que c'est ce Message que nous devons transmettre. Je garde aussi à l'esprit cette phrase de Jésus, disant à son Père: «*Je te loue d'avoir caché cela aux sages et aux habiles et de l'avoir révélé aux petits.*»

Bah! Il est peut-être aussi *simpliste* ce message, mais il n'en est que plus exigeant à vivre au quotidien.

RENOUVEAU CHARISMATIQUE (2)

L'ÉVANGÉLISATION NOUVELLE

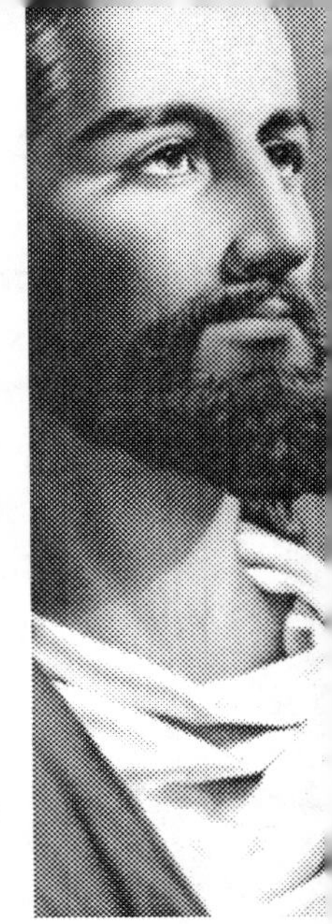

IL S'EST TENU UNE SECONDE RETRAITE SACERDOTALE DU RENOUVEAU CHARISMATIQUE, EN 1990, À ROME TOUJOURS.

J'ai été étonné du petit nombre de prêtres de chez nous présents à cette expérience importante — et signifiante — de l'Église actuelle.

Je vous ai fait connaître mon point de vue sur cette nouvelle impulsion, sur cette expérimentation réactualisée et poignante que l'on fait de la foi. Mais je ne suis pas le seul à oser m'aventurer et à accompagner nos chrétiens sur ce chemin de la redécouverte de Jésus et de son Message de feu.

Voici quelques commentaires révélateurs.

«JE SAIS QUE PLUSIEURS CONFRÈRES QUALIFIENT DE "TRADITIONNALISTE" UN TEL ÉVÉNEMENT.

Pourtant, que l'on y croie ou non, c'est quelque chose que l'on célèbre à Rome. C'était ma première expérience. J'y ai assisté avec six de mes confrères qui travaillent également à Rome, avec moi. Personnellement, j'ai été emballé, non seulement par l'organisation mais aussi, et surtout, par l'occasion qui nous a été offerte de côtoyer des prêtres du monde entier. Ce fut sûrement un moment de grâce pour l'Église tout entière. La seule chose que je trouve regrettable, c'est qu'on n'ait guère parlé de cet événement au Canada.»

— Loyola Gagné,
Secrétaire général des Pères du Saint-Sacrement,
responsable de l'accueil des Canadiens à Rome.

«JE N'EN SUIS QU'À MA PREMIÈRE ANNÉE DE SACERDOCE, AUSSI ON NE SE SURPRENDRA PAS QUE CE SOIT MA PREMIÈRE EXPÉRIENCE, FORMIDABLE D'AILLEURS.

Le choix des prédicateurs est judicieux, mais les moments de prières que nous, prêtres, avons partagés ont été, pour moi, les temps les plus forts de ces journées. J'ai aussi grandement apprécié les interventions et les communications des différents pays, parce que de telles actions nous font prendre conscience, concrètement, de l'universalité de l'Église.»

— Yves Lemieux, prêtre

«QUELLE BELLE EXPÉRIENCE DE L'ÉGLISE QUE DE VOIR TOUT CELA ET D'ENTENDRE TOUTES CES CONFÉRENCES GÉNÉREUSES!

Formidable! Et que dire, pour ma part, de cette joie que j'ai eue à retrouver Mère Teresa, moi qui ai été son chauffeur, dans Rome, lorsque je travaillais à la Maison générale des Eudistes...»

— Père Raymond Mélançon, curé

«J'ÉTAIS VENU POUR ME LAISSER INTERPELLER PAR CE THÈME DE "ÉVANGÉLISATION NOUVELLE".

Je n'ai pas été déçu. J'ai fort goûté l'heure d'adoration du midi, au milieu des murmures quasi silencieux des priants et des touristes attentifs comme une ruah *du Seigneur. Les moments les plus intenses, pour moi, furent ceux où j'ai eu l'occasion de discuter, dans nos moments de détente, avec des pasteurs du monde entier, des pasteurs de notre Église universelle. Je réalise, depuis, avec plus de force, que le ministère de l'Esprit saint est déposé dans nos mains fragiles pour une collaboration et une* coresponsabilité *avec tous les baptisés.»*

— Gilles Proulx, prêtre

«LE DÉFI DE L'AN 2000, L'ÉVANGILE ANNONCÉE: VOILÀ VERS QUOI NOUS NOUS DIRIGEONS.

C'est ce qu'ont voulu nous faire vivre ceux qui sont intervenus au cours de cette retraite. Et ils m'ont effectivement donné le goût d'aller vers les gens et m'ont confirmé cette impression que j'avais que cette mission doit être partagée avec les laïcs. En somme, c'est l'affaire de tous. Je n'oublie cependant pas que, en tant que prêtre, je dois transmettre le goût de Jésus au peuple de Dieu; Jésus doit redevenir, pour lui, le Bonne Nouvelle du Salut. Pour cela, comme le disait cependant Jean-Baptiste, il faut que j'accepte "qu'il croisse et que je diminue".»

— Bastien Leclerc, prêtre

«JE ME SUIS ÉMERVEILLÉ DE VOIR L'ESPRIT DE DIEU À L'ŒUVRE DANS LES NOUVELLES ÉGLISES,

notamment celles d'Asie et d'Afrique. Leur jeunesse et leur dynamisme m'ont fait du bien. Ces rencontres avec ces frères que sont ces prêtres, qui provenaient de 137 pays et territoires, m'ont insufflé une vigueur et une vitalité que je ne suis pas prêt d'oublier. Je suis parti de Rome avec le goût d'être un meilleur évangélisateur pour que Jésus puisse être mieux reconnu et mieux aimé. Une telle expérience est une action de grâce pour l'Église.»

— Roger Duplessis, prêtre

ET VOUS?

Ces mots de vous donnent-ils pas le goût d'expérimenter cette expression de la foi?

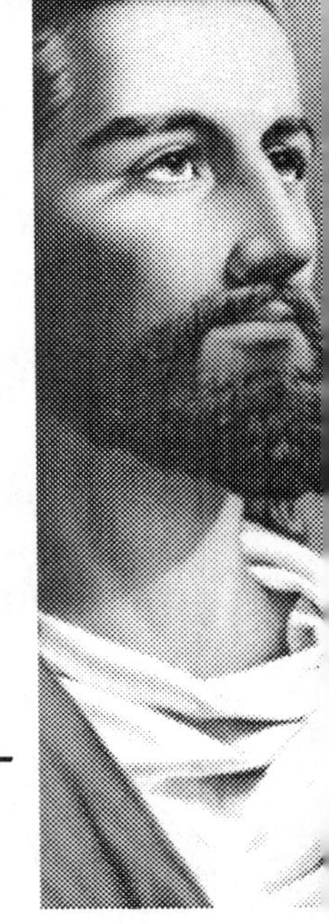

2000 ANS PLUS TARD

JÉSUS EST TOUJOURS VIVANT

JÉSUS N'A JAMAIS EXISTÉ, IL N'EST QU'UNE LÉGENDE.
JÉSUS A ÉTÉ MARIÉ À MARIE-MADELEINE ET IL A EU DES ENFANTS.
JÉSUS CECI, JÉSUS CELA...

Les révisionnistes de la foi ne font pas décidément dans la dentelle! Et cela, bien que les historiens aient prouvé, hors de tout doute, que cet homme, Jésus de Nazareth, a bel et bien existé. Quant aux détails de sa vie, nous devons nous en remettre soit à la Bible, soit à ceux-là qui *imaginent* leur version des choses...

Au-delà de ces controverses qui font long feu, il faut surtout retenir que le Message qu'il avait à nous transmettre avait indéniablement une signification profonde puisque, 2000 ans après sa mort, malgré nombre de défis que l'Église a eu à relever, nous continuons de propager ce même Message d'Amour et de Feu, et cela, malgré les modes et les courants qui ont déferlé sur nos sociétés.

Jésus a incontestablement dérangé ceux de son époque en prenant le parti des démunis, des méprisés et des laissés-pour-compte, en apostrophant les grands prêtres d'alors pour leur dire: «*Ce ne sont pas les lois de votre religion qui sont importantes, c'est l'Amour que vous aurez les uns pour les autres.*»

On l'a mis à mort pour avoir trop parlé.

On l'a mis à mort pour avoir fait des choses — *des miracles* — que l'esprit de l'homme ne pouvait concevoir.

On l'a mis à mort pour avoir dérangé.

Crucifié entre deux brigands de grand chemin, il a continué d'étonner par sa résurrection d'entre les morts.

JÉSUS CONTINUE DE DÉRANGER PARCE QUE SON MESSAGE EST TOUJOURS VIVANT.

Les tenants du nouvel âge, de l'occultisme et de l'ésotérisme cherchent d'abord et avant tout — et de cela, il faut en avoir conscience —à banaliser son message, à refuser de le reconnaître pour ce qu'il a été et ce qu'il continue d'être et, pour cette raison, il faut comprendre ce qui les anime dans leur action. Ils défigurent le visage de Jésus; pis encore, ils dénaturent son Message.

Du Jésus venu nous parler d'Amour et de pardon, voilà que nous nous retrouvons en face d'un Jésus ésotérique qui nous enseigne qu'il faut posséder la connaissance pour être heureux. Quelle connaissance?

La question ne se pose pas: la *connaissance* que prônent ces groupes et ces autres. Mais que font-ils, tous ceux-là, pour les pauvres et les mal-aimés, que font-ils pour ceux qui sont aux prises avec leurs faiblesses et leurs problèmes? Ils évoquent le karma et les vies antérieures, parlent du mouvement des planètes, vendent des cours...

Repoussons donc, nous aussi, les vendeurs hors du temple.

JÉSUS N'A RIEN À FAIRE AVEC LA CONNAISSANCE; SON SEUL ET VÉRITABLE MESSAGE EN EST UN D'AMOUR ET DE PARDON.

Il est venu, non pour les bien nantis, mais pour les démunis; non pour les pharisiens qui croient connaître Dieu par cœur, mais pour les publicains qui, malgré leurs faiblesses, cherchent à accueillir Jésus au plus profond d'eux-mêmes.

Qu'on se le dise: Jésus aime par-dessus tout celui qui cherche, jour après jour, épreuve après épreuve, à devenir meilleur.

Prions donc pour avoir la grâce de le rencontrer un jour et de nous sentir si transformé que nos voisins nous accosteront pour nous demander: *«Mais qu'as-tu donc à être si heureux?», «D'où vient cette flamme que tu as dans les yeux?»*

Rêvons de ce jour où nous tous, chrétiens, nous nous lèverons d'un même élan pour crier à tue-tête: «*Jésus est vivant, je l'ai rencontré.*»

MODERNE,
VOUS AVEZ DIT MODERNE?

QU'EST DONC DEVENU NOTRE MONDE?

JE NE SUIS PAS DE CEUX QUI CHERCHENT MIDI À QUATORZE HEURES,

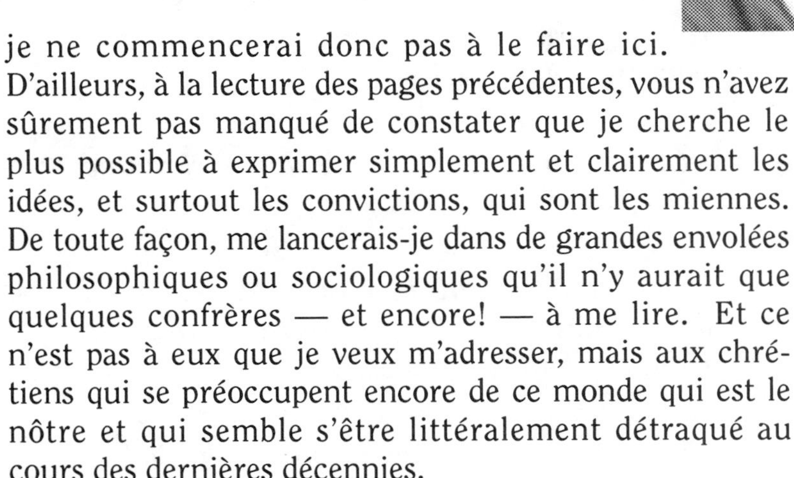

je ne commencerai donc pas à le faire ici. D'ailleurs, à la lecture des pages précédentes, vous n'avez sûrement pas manqué de constater que je cherche le plus possible à exprimer simplement et clairement les idées, et surtout les convictions, qui sont les miennes. De toute façon, me lancerais-je dans de grandes envolées philosophiques ou sociologiques qu'il n'y aurait que quelques confrères — et encore! — à me lire. Et ce n'est pas à eux que je veux m'adresser, mais aux chrétiens qui se préoccupent encore de ce monde qui est le nôtre et qui semble s'être littéralement détraqué au cours des dernières décennies.

Ouvrons n'importe quel journal, n'importe quel jour, et nous aurons suffisamment de matière à nous faire réfléchir sur notre société dite moderne.

Quelques exemples:

Une adolescente de dix-sept ans noie son bébé naissant dans la cuvette de toilettes d'un autobus...

Un jeune homme de vingt-trois ans se promène nu dans une rue de Miami avec, sous le bras, la tête de la jeune fille de dix-huit ans qu'il vient d'assassiner sous prétexte qu'elle incarnait le démon...

Une famille engage des tueurs pour assassiner un voisin trop bruyant...

Une jeune Québécoise tombe amoureuse d'un jeune Cubain; elle réussit à le faire venir au pays, ils se marient et... un mois après le mariage, voilà que le jeune homme se rend retrouver son véritable amoureux, un compagnon homosexuel...

Le docteur Henry Morgentaler célèbre une autre de ses funestes victoires...

Madonna évoque la Vierge Marie, mais affiche des attitudes pornographiques; les jeunes en font leur idole...

Des photos atroces de la guerre en Bosnie — à moins qu'elle ne soit d'ailleurs — et on se contente de détourner les yeux...

C'ÉTAIT HIER, AUJOURD'HUI CE SERA AUTRE CHOSE ET DEMAIN ON TROUVERA «MIEUX».

On peut dénoncer le sensationnalisme, mais il ne faut toutefois pas oublier qu'il s'alimente à notre quotidien — et c'est ce qui est épouvantable. Et ça l'est d'autant plus, à mon avis, que je suis intimement convaincu que Dieu nous avait créé un monde d'équilibre et d'harmonie. Alors: qu'est donc devenu notre monde? Non: qu'avons-nous donc fait de notre monde? Qu'avons-nous fait de la présence de Dieu, en nous, qui nous assurait de cet équilibre et de cette harmonie? Que sommes-nous devenus avec nos ambiguïtés?

Est-ce vraiment cela la modernité?

Pouvons-nous vraiment parler d'évolution?

J'en doute, honnêtement. Mais, surtout, j'ai mal de voir où nous en sommes; de voir combien nos cœurs souffrent.

Mais, malgré cette noirceur, cette souffrance et ce silence qui s'abattent sur nous, j'entends tout de même la voix de Jésus m'apporter le réconfort et l'espoir: «*Et vous ne voulez pas venir à Moi pour avoir la vie?*» (Jn 5, 40)

DOIT-ON ENCORE AVOIR DES ENFANTS?

ON EN ENTEND DE DRÔLES DE CHOSES.

Un jour, j'écoutais distraitement une émission radiophonique de lignes ouvertes lorsque j'entendis tout à coup l'animateur poser la question du jour: «*A-t-on encore le goût de faire des enfants?*» Je songeai, en moi-même, que le seul fait de poser cette question était révélateur d'un certain état d'esprit puisque, à mon avis, il nous est impossible de refuser de poursuivre le plan de Dieu. Je ne céderai toutefois pas à la facilité et j'admettrai, du même coup, qu'il est vrai qu'il n'est guère réaliste de suggérer aux mères de donner naissance à douze enfants.

Toutefois, entre cet extrême et cet autre qui dit que l'enfant doit être regardé et analysé dans une perspective socio-économique et d'épanouissement personnel de la femme, je crois qu'il y a place pour une attitude reflétant davantage de sagesse et de discernement. Je trouve malheureux d'entendre ces jeunes, qui demain seront des parents, refuser de parler de mariage, de penser à la maternité ou à la paternité.

Ils ont «*autre chose à faire et à vivre...*» nous disent-ils: la carrière et l'argent. Un enfant, entendent-ils souvent, pourrait être un obstacle à l'atteinte de leurs objectifs et à l'accomplissement de leurs désirs. Et puis, ils vivent leur sexualité sans se rappeler que le fondement même d'une relation entre homme et femme est la procréation. Mais pourquoi donc penseraient-ils natalité, mérite du cœur, ou même chasteté, alors que nous banalisons nous-mêmes la sexualité, en tant qu'adultes, pour la ramener à une simple équation plaisir-*sécurité*, entendez par là la protection contre les maladies transmises sexuellement, le sida en tête de liste, et les moyens de protection que nous leur offrons jusque dans les écoles.

Ces moyens de protection et de contraception que nous leur offrons, cette autonomie que nous leur concédons dès leur plus jeune âge en nous donnant la bonne conscience de les responsabiliser, ne s'en retournent pas moins contre nous. Réalisons-le une fois pour toutes: nous sommes en train de nous préparer à un suicide collectif.

CE SERA UN VÉRITABLE EXPLOIT QUE DE VIVRE DIX ANS AVEC LE MÊME CONJOINT EN L'AN 2000

— c'est dans cinq ans seulement —, selon les projections des sociologues; on prévoit, pour cette même date charnière, que pas moins de 50 % des enfants vivront alors dans un foyer monoparental.

Et l'on parle de progrès...

Est-ce un progrès que ces pactes de suicide de plus en plus nombreux chez les jeunes? Est-ce un signe d'évolution que d'accepter ces avortements sans cesse plus nombreux? Est-ce un avancement que cette propagation de la crainte de la natalité? Ne sommes-nous pas en train de poser les assises d'une société où celui qui défend la mort a préséance sur celui qui prône la *Vie en abondance*?

Malheureusement, si l'Église, dans son magistère, se prononce sur ces grandes questions et ces orientations fondamentales, elle est traitée de conservatrice et de rétrograde et on l'accuse de refuser la modernité.

Pourtant, je reste convaincu que cette Église de Jésus est mère de sagesse. Contrairement à ce que l'on entend trop souvent, elle ne nous dit jamais: «*Fais ceci, ne fais pas cela*»; elle nous dit plutôt: «*Attention! En agissant de telle ou telle façon, tu en sortiras blessé, écorché...*»; ce faisant, elle nous dit de penser aux conséquences. Elle nous dit aussi, et surtout, que ce n'est pas parce que tout le monde pense d'une façon qu'il faut que cette façon devienne une règle.

LA MÉDECINE EN ARRIVE AUJOURD'HUI À DES CONCLUSIONS SEMBLABLES À CELLES QUE L'ON RETROUVAIT POURTANT DÉJÀ IL Y A VINGT-SEPT ANS

dans la fameuse encyclique sur la contraception: les médecins admettent les effets secondaires de la pilule anticonceptionnelle, les infections provoquées par les moyens mécaniques de contraception et les risques de cancer qui, parfois, en découlent.

Des tas de questions me viennent à l'esprit:

Quel sentiment doit-on avoir devant ce médecin qui propose l'avortement à sa patiente, parce qu'elle en est à son quatrième enfant?

Que dit-on à une mère-porteuse qui, sentant s'éveiller ses sentiments maternels, veut renoncer au contrat qu'elle avait signé?

Que seront, dans vingt ans, ces enfants fécondés en laboratoire?

Tout cela me rappelle, il ne peut en être autrement, ces mots de Jean-Paul II: «*On n'a jamais voulu, autant qu'aujourd'hui, vivre l'amour. Et on n'a jamais autant vu de suicides, de couples qui éclatent et de divorces... Ce doit être parce qu'on ne parle pas du même Amour!*»

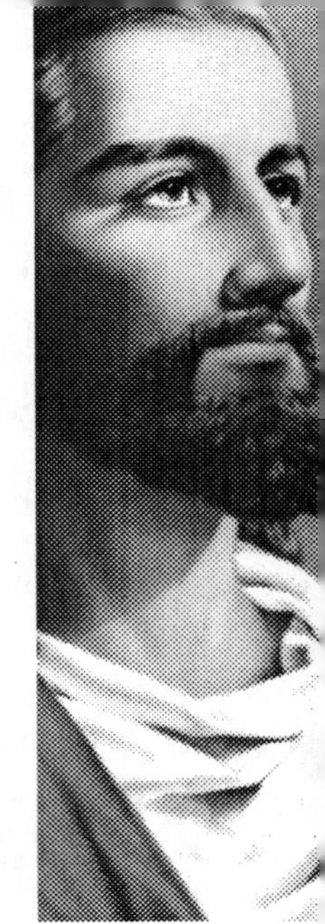

L'ÉSOTÉRISME ET LE NOUVEL ÂGE

UNE RÉPONSE ÉVANGÉLIQUE, S'IL VOUS PLAÎT!

LA CHARITÉ CHRÉTIENNE, C'EST SAVOIR S'ACCEPTER ET SE RETROUVER MALGRÉ NOS DIFFÉRENCES.

Si je comprends et accepte qu'on exprime certains désaccords face à l'Église, je suis également de ceux qui exhortent l'Église à ne pas craindre, non plus, de s'exprimer haut et fort, surtout lorsqu'on menace ses fondements ou qu'on fait fi de son Histoire. Ou, pire, qu'on manipule les faits pour défendre des théories indéfendables. Lorsqu'elle agit ainsi, l'Église ne prétend pas être omnipotente, mais elle défend plutôt, et à juste titre, la cohérence de ses enseignements.

Trop souvent accusée, elle n'a pas suffisamment usée de son *droit de réplique*.

Reçu au bureau de la pastorale pour les non-croyants, au Vatican, alors que j'y étais en stage,

en 1982, on y avait déjà évoqué le problème de l'ésotérisme, du nouvel âge et des sectes pour nous dire, simplement, que l'Église ne savait pas encore très bien quel discours adopter devant l'émergence de ce phénomène qui prenait une ampleur considérable — et qui n'allait d'ailleurs pas cesser de s'étendre. J'avais trouvé cet évêque qui nous avait reçus, mes confrères et moi, d'une honnêteté louable de nous dire les choses telles qu'on les percevait alors dans les officines du Vatican. Néanmoins, je ne pouvais m'empêcher de craindre que nous ne voyions alors que la pointe de l'iceberg. «*Il va falloir passer à l'action,* me disais-je, *au risque de ne plus être capables de rejoindre ces gens attirés par ces charlatans qui promettent tout et plus.*»

Il aura néanmoins fallu attendre une dizaine d'années avant que la position de l'Église ne se précise et que le pape Jean-Paul II lui-même n'intervienne dans le débat pour exiger qu'on réalise une étude exhaustive sur ce phénomène qui rejoint les hommes et les femmes de tout pays, de tout âge et de toute condition et qui pertube le cœur et l'âme.

Ce qui m'effraie toutefois le plus dans ce phénomène, c'est que ce sont les jeunes qui sont les plus *sensibles* à ces idées; ils sont les plus influençables et, comme tous les jeunes, plus tentés à prendre des *risques*. Mais ces risques-là, ne nous le cachons pas, sont sérieux, et dangereux.

Lorsque j'ai rencontré, il y a peu de temps, des jeunes de cinquième année pour les préparer à la Confirmation, mon trouble a grandi. J'ai été placé devant le fait accompli: un grand nombre d'entre eux s'était déjà livré à au moins une expérience en relation avec l'ésotérisme ou l'occultisme qui, pour les uns, était une aventure avec une table de oui-ja, qui, pour les autres, était une séance de communication avec les morts. J'ai été estomaqué de constater qu'un plus grand nombre encore avait déjà lu — avec intérêt — sur la magie noire et connaissait même certaines techniques qui leur permettent de se livrer à certaines *expériences*.

On peut les comprendre. Ce ne sont pas eux qui sont à juger puisqu'ils n'ont qu'à ouvrir leur téléviseur — quand celui-ci n'a pas déjà été ouvert par leurs parents — pour entendre des personnes qui ne sont pas sans intelligence ni sans influence évoquer des théories sur les vies antérieures, la réincarnation ou la communication avec les morts. C'est nous qui sommes à blâmer parce que nous tolérons — que dis-je! — nous valorisons ces *libres penseurs*.

«BAH! CE N'EST PAS GRAVE... C'EST UNE SIMPLE AFFAIRE D'IMAGINATION... NE T'EN OCCUPE PAS... IGNORE-LES...»,

voilà un peu à quoi se résume la position de l'Église sur ces sujets malgré quelques dénonciations, toutes épisodiques.

C'en est assez.

Il est, aujourd'hui, urgent que nous puissions, comme Église, donner la réplique et la réponse évangélique à ces phénomènes, au risque de nous retrouver, dans vingt ans, parce que nous n'avions pas de réponses à leur proposer alors qu'ils étaient adolescents, à tracer des plans de pastorale pour tenter de rejoindre ceux qui auront quitté la communauté chrétienne pour adhérer à ces mouvements.

À ce moment-là, il sera trop tard.

C'est d'ailleurs hier que nous aurions dû agir. Nous ne l'avons pas fait comme nous aurions dû le faire.

Agissons donc aujourd'hui.

SATAN A REVÊTU SES HABITS DE ROCKER

ÉMEUTES APRÈS DES SHOWS ROCK, PACTES DE SUICIDE, VIOLENCE GRATUITE,

comme chacun, je remarque, dans les journaux et à la télévision, ces faits divers qui passent presque inaperçus tant ils sont de plus en plus fréquents et de plus en plus effarants, et qui sont à la base, personne n'en doute plus aujourd'hui, d'un phénomène d'émulation, lorsque ce n'est pas simplement d'imitation, et qui touche spécialement les jeunes.

Ceux qui, il y a déjà des années et des années, dénonçaient les risques de dérapage auquel pouvait mener la musique rock — et on était encore loin du *heavy metal* — se faisaient vertement rabrouer, accuser de chercher à créer un climat de tension et, bien sûr, étaient taxés d'affreux réactionnaires, qu'on se rappelle seulement les réactions que provoquaient les interventions du père Jean-Paul Régimbald qui fut l'un des premiers, sinon le premier, à nous faire ces mises en garde. Le flambeau de cette bataille a été repris, depuis, par d'autres groupes, particulièrement aux États-Unis, et ceux-là aussi continuent d'être dénoncés comme *arriérés*... et on se rit de ces accusations des éléments sataniques que contient cette culture rock.

QUAND JE VOIS DES ÉMULES DES «NATURAL BORN KILLER» RÉPANDRE, PAR SIMPLE PLAISIR, LE SANG ET LA SOUFFRANCE SUR LEUR PASSAGE,

moi, je ne ris pas, parce que je regarde — je refuse de me bander les yeux. Mais, surtout, cela m'oblige à me questionner sur l'héritage spirituel et moral que nous sommes en train de léguer aux jeunes en nous faisant les apologistes des libertés individuelles et en les laissant ainsi agir à leur guise, sans balise.

Il est évident que nous pouvons nous sentir dépassés par l'ampleur de ce phénomène, mais devons-nous renoncer à agir sous prétexte, justement, que nous avons peine à comprendre cette génération qui s'affiche à l'étendard du *sex, drug & rock'n'roll*? Chaque fois que je vois ces jeunes, et ils sont des milliers, prêts à investir temps, énergie et argent pour vivre au rythme de cette culture rock, je suis confus et déconcerté, repantant aussi, que nous n'ayons pas réussi à leur transmettre cette dimension contagieuse de l'Église.

Bien sûr... bien sûr... l'Esprit est là, dans le cœur de ces jeunes, et je suis persuadé qu'il faudrait peu pour qu'il trouve à s'exprimer. Mais pendant que nous usions de méthodes traditionnelles pour les rejoindre — les évangéliser —, Satan, lui, revêtait ses habits de rocker. Dès lors, nous n'avions plus aucune chance, nous ne faisions plus le poids.

METTONS-NOUS AUX TECHNIQUES DE SONS ET D'IMAGES,

apprenons à les exploiter aussi habilement que le font nos adversaires; cessons de courber le dos, relevons la tête; voyons la pastorale autrement qu'en termes d'*entretien* de ceux qui nous visitent les dimanches, cherchons à rejoindre les autres, ces *brebis égarées*; prenons les moyens nécessaires pour y parvenir. Nous savons que nos idées sont généreuses et que nos buts sont nobles.

L'évangélisation des jeunes se fera incontestablement par les jeunes. Nous devrons cependant, comme adultes, comme éducateurs, comme pasteurs, ne pas pécher par relâchement, mais bien saisir chacune de ces occasions qui nous est donnée d'aider ces jeunes à approfondir leur quête intérieure. Je sais, en mon for intérieur, que la réponse à cette quête se trouve en ce Jésus vivant qui m'interpelle.

Que nous sachions le transmettre de façon cohérente est une chose dont je ne doute pas, mais encore faut-il que nous sachions le transmettre de façon à ce que les jeunes se découvrent, vis-à-vis de Lui, le goût d'émulation.

VALEURS

LES BONNES RÉSOLUTIONS QUOTIDIENNES

LES JEUNES QUI ONT QUINZE ANS VOUDRAIENT EN AVOIR VINGT-CINQ; LES AÎNÉS QUI ONT SOIXANTE ANS AIMERAIENT EN AVOIR TRENTE-CINQ.

Le temps coule trop lentement ou cascade trop vite. Toujours. Pourtant, nous avons pour habitude d'attendre le premier de l'an pour prendre de nouvelles et de bonnes résolutions qui ne durent, trop souvent, que le temps de quelques heures. Ne serait-il pas alors plus logique, plus sage surtout, de prendre de bonnes résolutions quotidiennes — autrement dit d'adopter des *lignes de conduite* qui nous aideraient à être cohérent avec notre foi?

Je serai probablement taxé de dépassé, mais je parle ici d'échelle de valeurs. Les plus âgés savent ce que cela signifie; les plus jeunes, dans bien des cas, devront le découvrir — ce n'est qu'à ce prix qu'ils pourront accéder à cette paix du cœur et de l'esprit que nous offre Jésus.

Le fait que nous vivions dans un monde tourmenté, agité et inquiet ne facilite pas la réflexion; tous les jours les uns et les autres vivent des drames qui les empêchent de s'accorder le recul nécessaire pour faire le point sur leur vie, sur leur spiritualité. Et sans spiritualité, *sans spiritualité réfléchie*, il nous est impossible de progresser sereinement. Nous réagissons instinctivement à la violence par la violence. Ce faisant, nous nous menons nous-mêmes dans un cul-de-sac.

Lorsque je vois des couples se briser après cinq ou cinquante ans de mariage, lorsque je vois la montée inquiétante du sida, lorsque je vois quelqu'un tuer son frère pour quelques grammes d'évasion insignifiante, lorsque je vois la violence éclater pour n'importe quoi et pour rien, je prie Dieu de nous inspirer une façon de vivre qui ne fasse pas que des victimes.

«J'AI DÉCIDÉ QUE JE ME FAISAIS AVORTER, C'EST PAS COMPLIQUÉ À COMPRENDRE, NON?»

me dit une jeune femme qui avait vécu librement sa sexualité et qui se retrouvait, tout à coup, devant une grossesse aussi inattendue qu'indésirée. «*Pourquoi n'y a-t-elle pas pensé avant*» me disais-je.

«*Je ne vais pas à la messe, mais j'ai besoin de vous: la semaine dernière, mon fils de seize ans s'est suicidé, il s'est pendu à la maison. Il était las de ce climat de tension qu'il y avait entre ma femme et moi. Il nous a expliqué, dans un mot, que sa vie n'avait plus de sens.*» me confia un jour un père dans la quarantaine, bouleversé, brisé. «*Seize ans. Il n'avait même pas vraiment commencé à vivre et il était déjà si malheureux. Pourquoi?*» m'interrogeais-je.

J'en ai reçu des tas de confidences comme celles-là. Des moments déchirants où je ne savais pas, moi non plus, comment réagir. Des moments où j'étais écorché, où j'ai interpellé Jésus pour lui demander: pourquoi? Comment pouvait-il permettre que de telles choses se produisent?

JÉSUS NOUS LAISSE LE LIBRE ARBITRE, ET C'EST POURQUOI IL NE NOUS JUGE PAS ET IL NE NOUS CONDAMNE PAS.

Il nous laisse notre vie entre nos mains, se proposant cependant, si nous le voulons, de nous aider à avancer sur le chemin de la vie. Mais, pour cela, nous devons l'écouter. Et ce qu'il nous dit, ce qu'il nous enseigne, c'est que nous devons nous imposer, nous-mêmes, une échelle de valeurs reflétant cette étincelle qui ne demande qu'à flamboyer et qui s'appelle l'Espoir.

C'est tous les jours que nous devons prendre la résolution de devenir meilleur, de vivre l'expérience du Jésus vivant.

DEUXIÈME PARTIE

RESSENTIR SA PRÉSENCE AU QUOTIDIEN

DIRE OUI À DIEU

JE SERAI TOUJOURS ÉTONNÉ PAR CES GENS QUI DISENT OUI DES LÈVRES, MAIS QUI DISENT NON DU CŒUR.

On accepte de dire oui à Dieu et de remettre notre volonté entre ses mains, mais on nie cette volonté en nous cantonnant dans un égoïsme destructeur. Ce faisant, nous devenons en quelque sorte des professionnels de la bonne intention; notre oui est prononcé avec tellement d'assurance, voire d'intransigeance, qu'il devient un dogme pour mieux cacher notre non. Mais, qu'on en prenne conscience, ce genre de réponse et ce genre d'attitude ne donneront sûrement pas le goût du oui à ceux qui cherchent.

Il faut dire oui pour Dieu — et pour vrai. Il faut faire disparaître l'écart entre ce que nous disons et ce que nous faisons. Saint Paul a fait comprendre cela à sa communauté de Philippes qu'il aimait tant et, ensemble, en surmontant les divisions, ils ont appris à vivre l'Amour véritable, celui qui découle de l'écoute mutuelle et qui engendre, dans le cœur, la véritable humilité. C'est d'ailleurs cette humilité qui fait jaillir la tendresse et la compassion, grâce à Jésus qui, le premier, a épousé notre condition humaine et mortelle pour nous faire partager l'Espérance de Dieu.

Il est facile, trop facile, de dire qu'il faut aimer, et plus difficile de passer à l'action, mais ce n'est que de cette façon que nous pouvons devenir un vrai témoin de Dieu.

Nous ne sommes pas obligés de le faire. L'homme peut dire non à Dieu. Cela montre bien la grandeur de cette liberté qu'il nous offre.

Mais qu'on lui dise oui et nous deviendrons des convertis; nous serons alors en mesure d'exprimer notre amour, non seulement en paroles mais aussi, et surtout, en actes. Et, chaque fois que nous aimerons ainsi, vraiment, nous serons renvoyés à nous-mêmes pour apprendre à aimer encore davantage.

C'est à ce moment-là que nous entreverrons la Vie abondante.

NOUS SOMMES ENFIN (!) PARVENUS À ÉVACUER LA FOI DE NOS VIE, MAIS LE RÉSULTAT EN VALAIT-IL LE PRIX?

Nous avons acquis le droit de dénier toute autorité aux gouvernements et à l'Église, mais nous en portons-nous mieux? Je n'en suis pas convaincu. Nous en sommes à tenter d'aimer seuls; nous en sommes à tenter de nous sauver par nous-mêmes. Les choses vont de mal en pis. Nous vivons des ruptures et des cassures sur tous les plans. Nous ne savons plus conjuguer le verbe aimer au présent, nous ne savons plus comment vivre notre sexualité, nous nous réfugions dans des paradis artificiels, nous suivons des *maîtres à penser* qui s'inspirent du zodiaque, des pierres, des herbes et de quoi encore. Nous voulons redécouvrir la spiritualité, mais sans référence à Dieu. Bref, après vingt siècles de christianisme, nous sommes redevenus aussi païens qu'au tout début.

Il faut donc, aujourd'hui plus que jamais, nous remettre à puiser à l'enseignement de Jésus. Ce Christ qui continue de proclamer qu'il faut accepter de renoncer à sa propre vie pour le suivre. Mais, lorsqu'il évoque sa Passion, c'est pour nous faire comprendre qu'il ne nous offrira pas que des choses faciles. Il nous dit cependant que, même si nos propres forces ne nous suffiront peut-être pas pour affronter les épreuves qui nous attendent, celles de son Père nous inspireront.

Bien sûr, dans notre monde actuel, c'est aller à contre-courant que d'accepter soi-même, consciemment, ce caractère sacrificiel, mais renoncer à sa vie et porter sa croix, comme Lui-même l'a fait, nous permet néanmoins d'entamer cette authentique évolution qui nous mènera vers le non-conformisme et la véritable liberté.

«*Si seulement vous pouviez comprendre...*» semble-t-il nous dire à chacun.

NOTRE MISSION

SI JE VOUS DIS LE MOT «MISSION», JE VOUS VOIS TOUT DE SUITE EN TRAIN DE PENSER À DES CONTRÉES AUSSI LOINTAINES QU'EXOTIQUES...

Mais ce n'est pas là la seule mission qui réponde et qui corresponde au plan de Dieu, bien au contraire. La mission qui nous concerne tous est une mission quotidienne, qui s'identifie à notre vécu à chacun, car c'est d'abord là que s'exprime la volonté de Dieu. Jésus est vivant et présent en nous, et nous devons lui faire confiance pour assumer cette mission si nous ne voulons pas que notre vie se retrouve dans un cul-de-sac. Malheureusement, c'est ce que nous, hommes d'aujourd'hui, n'arrivons pas toujours à comprendre.

Certes, notre mission personnelle n'est pas toujours facile puisqu'elle doit s'inspirer de la dure réalité de la croix de Jésus qui, en outre de nous sauver, contribue à façonner l'Espérance nouvelle.

Jésus n'a pas maquillé le visage de la réalité, il ne l'a pas embelli pour mieux nous tenter — l'aurait-il fait qu'il nous aurait trompés. Mais non, il nous a dit: «*Voici que je vous envoie comme des agneaux au milieu des loups.*» Il savait, il sait, Lui, que tout ne sera pas nécessairement facile...

Toutefois, lorsque ce défi au quotidien nous est proposé, Dieu le Père nous interpelle avec tout son Amour et toute sa Tendresse: «*Vous serez nourris du lait de mes consolations.*» Encore: «*Je dirigerai la Paix vers vous comme un fleuve.*» Toujours: «*Vous serez comme des nourrissons que l'on porte dans nos bras.*»

Il nous faut donc comprendre la volonté du Père dans notre quotidien, et prier pour avoir la force de l'accomplir. La Mission est d'abord celle de Jésus; quant à nous, nous ne sommes que des envoyés. En ce sens, nous devons demander la grâce d'avoir la volonté et la docilité du disciple et la sagesse d'écouter l'enseignement pour ensuite enseigner à notre tour. Ce n'est qu'ainsi que nous aurons les ressources pour affronter ce difficile quotidien.

Jésus nous réfère à la promesse du Père: «*Un jour, loups et agneaux paîtront ensemble dans le même pâturage.*» (Is 65) Jésus attend donc, de nous, que nous ayons la simplicité et l'humilité pour le rencontrer à tous les instants de notre vie.

Voilà la plus importante mission qu'il nous a confiée.

ACCEPTER SA FAIBLESSE

JE ME DOIS DE REVENIR, UNE FOIS ENCORE, SUR CETTE VISION QUE NOUS OFFRE JÉSUS DE LA RÉALITÉ.

Jamais il ne la camoufle par l'illusion. Il ne nous fait pas croire que, avec Lui, nous n'aurons pas de croix à porter, pour reprendre cette image si évocatrice. Cependant, il nous propose de passer avant nous pour nous ouvrir le chemin: «*Celui qui ne porte pas sa croix pour passer derrière moi ne peut être mon disciple.*»

Le plus grand obstacle qui se dresse devant nous pour nous empêcher d'accepter ce message est fort probablement celui du matérialisme. Tout, aujourd'hui, dans notre monde, semble assujetti à ce désir et à ce besoin de posséder ce que notre société de consommation affiche dans ses vitrines sans cesse plus grandes, plus nombreuses et plus étincelantes. Ces marchands d'illusion nous offrent leurs idoles qu'ils voudraient nous voir adorer, les unes empruntant l'apparence d'un micro-ordinateur performant, les autres, celles de gadgets aussi magnétisants qu'épouvantables. Ils nous affirment que cette force technologique compensera nos faiblesses d'homme. Le pire, c'est que nous ne sommes pas loin de les croire; de croire aussi, ce faisant, que nous serons alors en mesure de régler, seul, nos problèmes d'homme.

Voilà tout le drame de notre modernité: vouloir se sauver soi-même, ne croire ni en la solidarité, ni en la fraternité, ni en la spiritualité — ni en Dieu.

Pourtant, que l'on se rappelle saint Paul qui disait se sentir libre dans ses chaînes, parce qu'il avait fait la rencontre de Jésus au plus intime de lui. Y a-t-il meilleur exemple d'une si belle liberté?

La Parole et la rencontre du Sauveur libèrent et nous donnent cette Sagesse dont nous avons tant besoin, cette Sagesse qui n'est ni plus ni moins qu'une façon de voir et de comprendre Dieu. Il nous faut accepter que Ses plans ne soient pas les nôtres, que Ses pensées ne soient pas toujours les nôtres. Cela ne signifie pas pour autant, comme certains tentent de nous le faire croire, que cette foi est quelque chose qui vient diminuer ou aliéner notre liberté.

Cela signifie simplement qu'Il sait mieux que nous ce qui nous est nécessaire.

Acceptons la réalité, mais acceptons aussi de nous investir dans l'Espérance.

LE DON DE DIEU

NOTRE MONDE EST ASSOIFFÉ DE POUVOIR, IL NE FAUT DONC PAS S'ÉTONNER QUE L'ÉGOÏSME PRIME: TOUT EST BON À QUI VEUT SURVIVRE!

Tout? À n'importe quel prix? Je n'en suis pas convaincu. Je crois qu'il y a une autre façon de s'assurer une vie abondante; une seule autre façon d'ailleurs: celle qui consiste à regarder le monde avec le cœur de Dieu. Parce qu'Il est le seul, Lui, à vouloir et pouvoir nous offrir une telle vie.

C'est tout comme si Dieu nous disait: «*Ne reste pas dans l'abstrait... N'interprète ni les mots ni les concepts... Comprends avec le cœur... Mon Amour va prendre le visage du frère qui vit près de toi. Je me donne, à toi, pour que tu entres dans une relation neuve, une relation de tendresse que l'homme d'aujourd'hui semble incapable de faire renaître par lui seul.*»

Cette promesse de Dieu doit nous rassurer, car il s'engage ainsi à nous bénir, à nous rendre grands. Elle signifie aussi combien il croit en Son rêve en nous. Surtout, elle nous convainc, au-delà des épreuves que nous affrontons et des limites qui sont les nôtres, que nous devons croire en l'avenir. En ce sens, il nous demande de réaffirmer notre foi en son projet de sainteté du cœur.

Tout est possible — il nous en fait la promesse. Lorsque nous l'écoutons, ne l'entendons-nous pas nous dire: «*Vous avez raison d'espérer malgré vos doutes car, toujours, le Bien triomphera du Mal.*»

«*La transfiguration de mon Fils, c'est ma Lumière en Lui; c'est l'assurance de ma Lumière en vous. Il y a, au fond de votre cœur, un rêve de mon cœur et je veux l'accomplir.*»

«*Ma parole est un feu qui éblouit, une Lumière qui réchauffe, une Clarté qui transforme.*»

«*Écoutez ce que j'ai à dire; ce que vous ressentez au plus profond de vous, c'est moi qui vous le dis.*»

NOUS SOMMES TOUS DES PROPHÈTES

«VOILÀ UN ENSEIGNEMENT NOUVEAU, PROCLAMÉ AVEC AUTORITÉ.» C'EST CE QUE L'ON DISAIT DE L'ENSEIGNEMENT DE JÉSUS, EN SON TEMPS.

Pourrait-on redire ces mots, aujourd'hui, de cette Parole de Dieu que l'on nous donne à entendre lors des célébrations eucharistiques? Je vous laisse le soin d'y répondre.

Je dirai, pour ma part, que cette Parole de Dieu que l'on proclame aujourd'hui est la même que celle d'alors — et les mots n'en ont pas moins d'impact. Si l'effet que nous ressentons à son écoute paraît atténué, c'est peut-être qu'il nous faut nous ouvrir davatange et accepter d'assumer, comme chrétiens, le fait que nous soyons des prophètes.

J'en vois certains sourciller: nous, des prophètes? Pourquoi pas.

Je ne parle pas de ces prophètes qui prédisent l'avenir, mais *du* prophète qui est en quelque sorte le porte-parole de Dieu, celui qui ne craint rien ni personne, parce qu'il sait que Dieu est omniprésent et omnipuissant; celui qui sait que l'esprit malin ne pourra jamais semer le doute dans son cœur, car Dieu veille sur lui.

Nous n'avons pas à devenir prophètes puisque nous le sommes, puisque nous l'avons toujours été depuis notre baptême et que nous n'avons cessé de l'être de plus en plus et de mieux en mieux au fil de notre confirmation, de chaque pardon, de chaque eucharistie.

Nous n'avons pas à devenir prophètes puisque nous le sommes. Nous devons simplement en prendre conscience et assumer cette réalité. Nous pourrons alors poursuivre ce Grand Combat qui est engagé depuis que le monde est monde et dont Jésus est toujours sorti vainqueur, parce que se dégagent de lui la force et la puissance du Libérateur — parce qu'il a apporté et apporte toujours, aussi, cette Bonne Parole qu'il proclame avec autorité. Clamons donc, haut et fort: «*Oui, Seigneur, je veux que, avec Toi, ma foi devienne contagieuse et que tu sois le grand vainqueur dans ce combat quotidien que j'ai à vivre.*»

Alors pourrions-nous dire, dans nos communautés, comme on l'avait dit en son temps: «*Sa renommée se répandit dans toute la région*» et alors, pourrions-nous entendre: «*Voilà un enseignement nouveau, proclamé avec autorité.*»

IL FAIT DIEU

«IL FAIT DIEU», C'EST LE TITRE D'UN TOUT PETIT LIVRE QUE J'AI LU, NAGUÈRE, ET QUE J'AI TOUJOURS GARDÉ À L'ESPRIT.

Je me suis toujours dit, depuis, que l'on devrait pouvoir dire *«Il fait Dieu»* comme on dit *«Il fait beau»*. *«Il fait Dieu»*, pour dire je ressens l'Amour de Dieu, la Lumière de Dieu, je vis l'Espérance de Dieu. Est-ce que ça ne serait pas merveilleux, non?

C'est pourtant ce vers quoi nous mène la conversion à Dieu. Comme il est dit: *«La conversion à Dieu nous rend petits, mais elle nous fait accueillir l'impossible et nous garde éclairants et plein de saveurs.»*

Il faut toutefois s'afficher à l'enseigne de l'anticonformisme pour avoir l'occasion — que dis-je, la chance! — de rencontrer Dieu. Si, pour beaucoup d'entre nous, la conversion consiste en un amalgame de règles et d'édits, de *«permis»* ou d'*«interdits»*, la réalité est bien différente. Plus simple aussi. Il ne s'agit pas de faire ou de ne pas faire la Charité ou l'Amour, mais bien d'*être* Charité et Amour — et d'accueillir l'impossible.

Il est plein d'exemples, dans les Évangiles, de l'*impossible* qui se produit sous l'impulsion, sous la volonté de Dieu. Marie de Nazareth, Paul, le converti de Damas, les participants aux noces de Cana ont été quelques-uns des témoins de la puissance de la volonté de Dieu, une puissance souveraine qui nous laisse chaque fois aussi abasourdis qu'émerveillés; abasourdis, parce que cela dépasse notre entendement; émerveillés, parce que c'est la manifestation de Dieu. Mais Dieu ne nous a jamais demandé de faire de même — il nous sait dans l'incapacité de le faire —, il ne nous a pas demandé d'être maîtres, mais témoins.

Il y a d'ailleurs déjà, dans notre monde, trop de maîtres pour ce qu'il y a de témoins — ce sont des mots de Paul VI. Trop de maîtres qui n'ont que de belles paroles à offrir, alors que le seul le véritable Maître est celui dont la force de l'événement fait la puissance du discours du témoin.

C'est de ce maître dont nous devons témoigner.

Lorsque nous parviendrons à être fidèle à la volonté du Père, lorsque nous accepterons d'être éclairés de la Lumière de Jésus, alors nous pourrons dire: «*Il fait Dieu*» et comprendre la véritable signification de ces mots.

LES BLESSURES DU CŒUR

L'HOMME A TOUJOURS ÉTÉ PARTAGÉ ENTRE LA PAIX ET LA GUERRE; C'EST UNE PERPÉTUELLE BATAILLE QUI SE MÈNE AU PLUS PROFOND DE SON CŒUR.

C'est la rivalité entre l'homme et son frère, la querelle entre les clans, la guerre entre les nations — bientôt, ce sera celle des étoiles. Il y a, en l'homme, cet instinct de puissance et de destruction qui est le résidu du péché originel.

Nous continuons à le perpétuer, génération après génération. À peine l'enfant grandit-il qu'on lui offre l'univers télévisuel pour qu'il s'initie à la violence, on lui achète un Nintendo où il devient lui-même guerrier, et parfois même tueur. Et nous sommes privilégiés parce que, ailleurs, c'est carrément un fusil qu'on leur met entre les mains en leur commandant de ne pas se *laisser faire*. Et ainsi naissent la violence, la souffrance, la mort et la désolation.

Pourtant, l'homme reste insatisfait jusqu'à ce qu'il trouve la source de la Lumière et de l'Équilibre qui lui apportera la paix. Ce n'est que lorsqu'il l'aura rattrapée qu'il aura réussi à apprendre, sans doute malgré lui, que la paix n'est pas une affaire de moyens et de techniques, mais plutôt de climat intérieur — il sera alors en parfaite communion avec cette parcelle de Dieu qui l'habite.

Les blessures du cœur de l'homme empêchent la clarté et la sérénité de Jésus. Cette clarté et cette sérénité qui sont un don; un don qui s'obtient par la prière constante du pécheur qui lève les yeux vers son Seigneur, prince de la paix. Ce n'est donc, malheureusement, que par l'expérience que l'homme se rend compte que la paix est un présent qui lui est offert par le cœur de Dieu.

Néanmoins, et c'est là toute l'Espérance qui nous est offerte par Dieu, nous savons que cet idéal de paix, dont nous avons pourtant tant de fois douté, est possible, accessible — à la condition que notre cœur guérisse de ses blessures originelles et qu'il se mette à changer Alors, à son tour, Jésus dira: «*Bienheureux ceux qui font la paix*», car c'est là vivre comme Dieu.

Prenons donc conscience que chaque petit geste de solidarité, chaque petit geste de fraternité — et ceux-là, nous pouvons les faire — fera cicatriser nos cœurs et nous amènera la reconnaissance de Notre-Seigneur, la condition essentielle pour toute véritable paix universelle.

LE SACRÉ-CŒUR
AU PRÉSENT

LA FOI EST-ELLE VRAIMENT SYNONYME DE FAIBLESSE? IL SEMBLE MALHEUREUSEMENT QUE CE SOIT EFFECTIVEMENT VRAI. ENFIN, DANS CERTAINS ESPRITS.

C'est la conclusion que je tirai lorsqu'une jeune fille vint me rencontrer à mon bureau pour me parler du dilemme qui était le sien. Elle me dit qu'elle était en train de découvrir sa foi, mais qu'elle craignait un peu les réactions de son «milieu» — elle était étudiante en psychologie — pour lequel avoir la foi était synonyme de faiblesse. «*Pourtant,* me dit-elle, *je suis bouleversée de constater comment, dans notre société, nous sommes en voie de réduire l'homme en formules et en systèmes...*»

En prenant l'initiative de venir me parler de son déchirement, elle faisait néanmoins un pas dans la bonne direction, un pas extraordinaire.

Comme chacun de nous aimerions en faire.

Comme dans toute chose, il y a un cheminement à faire pour arriver à une foi adulte. Il faut d'abord nous libérer de ces caricatures qu'on nous a servies et resservies et qui nous ont fait passer à côté du véritable Jésus; il nous faut ensuite réfléchir sur notre foi et sur ce qui nous fait problème. Puis, vient le moment où nous devons accepter de nous abandonner totalement et de faire confiance à ce Dieu qui nous interpelle.

C'est de cette façon qu'on peut saisir toute la portée de cette image du Dieu qui se personnifie par un Amour sacré, par un cœur sacré. Jésus me rend capable de le rencontrer, parce qu'il se révèle par le cœur, un cœur qui s'adresse à celui de l'homme. Je pourrais ajouter encore bien des choses, bien d'autres explications aussi, sur Dieu et son plan d'Amour, mais tant que nous n'avons pas fait l'expérience de sa tendresse, nous ne pouvons saisir toute la puissance de ce cœur sacré.

Certes, je l'admets, cela fait contraste, avec la notion de puissance qu'on n'accole plus, aujourd'hui, qu'aux performances technologiques, mais nous devons aussi, et surtout, prendre conscience que si les choses tournent aussi peu rondement, c'est peut-être justement que nos valeurs sont faussées. Que la crise que nous traversons en est peut-être une de *sentiments* et que c'est avec des valeurs de cœur que nous parviendrons à la surmonter.

Le Sacré-Cœur, au-delà de l'imagerie, c'est ça.

Curieux, tout de même, jusqu'où les propos d'une jeune fille peuvent mener, non?

L'AUDACE DE L'ESPÉRANCE

N'AVEZ-VOUS PAS L'IMPRESSION, VOUS AUSSI, QUE PLUS L'HOMME DEVIENT PUISSANT, PLUS IL EST FRAGILE LORSQU'IL EST DÉPASSÉ PAR LES FORCES QU'IL NE CONTRÔLE PAS?

Lorsque je feuillette les journaux ou lorsque j'écoute la télévision, je ne peux pas ne pas remarquer comment notre société traverse des bouleversements terribles. Ils ont pour nom guerres, purifications ethniques, chômage, problèmes environnementaux, sida, cancer et bien d'autres encore. Et l'homme, malgré sa puissance, sa technologie et ses armées, n'y peut strictement rien.

Et l'homme tremble.

On me demande souvent, quand on évoque de telles catastrophes, comment il m'est possible de proclamer l'Espérance? Je dirai simplement: j'ai la Foi. Dieu sait les défis que nous avons à vivre: «*Je vous consolerai*» nous dit-il. C'est cette assurance de l'action de Dieu qui doit nous aider à devenir des «*créatures nouvelles*».

Nous devons croire, sans l'ombre d'un doute, que ce projet est possible parce que le Crucifié ne s'effraie pas devant le mal, qu'il ne le redoute pas. Il nous le dit, l'ennemi est à nos portes et ce sera un combat à finir entre la Lumière et les ténèbres.

Il nous dit: «*Je vous envoie comme des brebis au milieu des loups*», mais il dit aussi: «*Soyez joyeux de ce que vos noms sont inscrits dans le ciel et de ce que vous avez le pouvoir de fouler la puissance de l'ennemi.*»

Les armes qu'il nous donne sont révolutionnaires et dépassent, en imagination, celles des auteurs de science-fiction. Il nous le dit, il nous le redit: «*Confiance, j'ai vaincu le mal.*»

Nous n'avons qu'à être ses témoins. Nous n'avons qu'à espérer contre toute espérance et nous trouverons, là, la motivation de foncer avec une audace bouleversante pour être certains que la Lumière vaincra et transformera le cœur de l'homme.

Avons-nous besoin de plus pour que vive, dans nos cœurs et nos esprits, l'Espérance de Dieu?

DISCIPLE DE JÉSUS

LE COMMENCEMENT DE L'AMOUR, DU VÉRITABLE AMOUR, C'EST LE TESTAMENT DE JÉSUS.

Un testament qui recèle d'ailleurs une importance si grande que saint Jean n'a pas hésité, un jour, à le substituer au récit de l'institution de l'eucharistie. Ce qui nous empêche toutefois de saisir la véritable dimension de ce testament, c'est probablement qu'on en a trop parlé et que, ce faisant, nous avons en quelque sorte banalisé son message. On ne s'étonnera pas, dès lors, qu'il ait perdu de sa force, non pas dans son message, mais bien dans sa pénétration.

Pourtant, ce «*commencement nouveau*» dont nous entretient Jésus n'est pas une simple formule vide de sens, mais Il représente plutôt une *institution*, un état — un *éclat*? — d'être.

Si nous voulons être des disciples de Jésus, nous n'avons donc pas le choix: nous devons assumer la puissance de l'Amour. «*Comme je vous ai aimés*», ajoute le Seigneur; ce «comme» revêt ici une importance toute particulière puisqu'il nous indique que nous ne devons pas nous contenter d'une «imitation», que nous devons nous inscrire dans l'émulation de ce Fils de Dieu qui a obéi et dit oui en dépit de la mort, *jusqu'à la mort*.

C'est de cette façon que notre mission d'Amour pourra prendre toute son importance puisqu'elle traduira alors la présence réelle — et vivante — de Jésus. Avec cet Amour, cet Amour de Jésus, c'est la re-création; c'est Dieu qui fait alliance avec son peuple.

La Résurrection est d'ailleurs garante de la présence de Dieu au cœur de son peuple puisque le Jésus ressuscité symbolise le Temple nouveau où vibre le cœur aimant de Dieu — de *notre* Dieu. En ce sens, faire l'expérience du Ressuscité, c'est faire l'expérience du renouveau, de la Vie nouvelle telle qu'il nous l'a promise.

Cependant, ne l'oublions pas, dès qu'on se dit pour le Ressuscité, la persécution reprend, non pas nécessairement comme elle avait cours à l'époque de Jésus, mais de façon plus subtile, plus insidieuse. Il faut donc, comme chrétiens, être prêts à l'accepter et à y faire face. C'est ce que fait Jean-Paul II chaque fois qu'il parcourt le monde. Ne le nions pas: l'épreuve est dans la vie du croyant.

C'est aussi là l'ultime étape qui précède l'instauration du Royaume de Dieu.

DIEU M'AIME

PUIS-JE RÉELLEMENT CROIRE, EN TOUTE CERTITUDE, QUE DIEU M'AIME, MOI, COMME JE SUIS, POUR CE QUE JE SUIS,

c'est-à-dire avec mes qualités, mais avec mes travers et mes défauts aussi? Beaucoup de chrétiens se posent la question, tout en laissant se répandre, en eux, un certain doute à l'effet que Dieu, tout-puissant et parfait, puisse les aimer d'un amour inconditionnel...

À mon avis, la question ne devrait pas se poser: Dieu nous aime, il nous l'a dit et nous l'a répété. En fait, cette interrogation en dissimule mal une autre qui nous concerne avec plus d'acuité encore: est-ce que je m'aime, moi-même, comme je suis, pour ce que je suis, avec mes qualités, mais avec mes travers et mes défauts aussi?

C'est souvent là la première blessure de nombreux chrétiens.

Il nous faut alors nous rappeler les événements de notre vie pour prendre conscience de nos blessures et réaliser que ce sont elles qui constituent le principal obstacle à cette relation que Dieu veut vivre avec chacun d'entre nous.

Dans la Bible, où est rappelée toute l'Histoire de son peuple, on ne peut pas ne pas remarquer que Dieu nous a donné toutes les chances et a fait naître toutes les occasions en prenant l'initiative de l'Amour. Il a été jusqu'à nous offrir son fils, le Christ sauveur, pour que se réalise l'Alliance définitive. Il ne pouvait aller plus loin, nous donner plus. Par la mort et la résurrection, Dieu a ainsi donné à son Fils l'occasion d'annihiler tous les doutes que les hommes pouvaient entretenir à son égard. Nous n'avions plus de raison de ne pas croire en son Amour.

Dieu sait que nous ne sommes pas parfaits, mais il n'en continue pas moins de placer son Espoir en nous. Et pour nous aider à prendre conscience de son Amour, il nous a envoyé des signes et des messagers pour appeler à la conversion. Il nous réinvite ainsi, sans cesse, à revivre l'Alliance malgré nos péchés.

La seule chose qu'il nous faut, c'est de prendre conscience que nous sommes bénéficiaires de la *gratuité* de Dieu, *«riche en miséricorde et plein de tendresse.»* En Jésus, nous sommes sauvés. En Dieu, nous sommes aimés. C'est une certitude.

Nous ne devons qu'y croire.

LA RÉSURRECTION, MYTHE OU RÉALITÉ?

LA RÉSURRECTION N'EST-ELLE VRAIMENT QUE LE SOUVENIR INTÉRIEUR DE JÉSUS ET NON PAS UN FAIT HISTORIQUE, COMME LE SOUTIENNENT DE NOMBREUX THÉOLOGIENS MODERNES?

La question mérite certainement d'être clarifiée, non pas sur le plan de la réalité historique, car celle-ci ne fait aucun doute, mais plutôt sur le sens même de cette résurrection, puisque cet événement historique constitue le pivot de notre foi de chrétien.

Cette résurrection n'est pas seulement un retour à la vie pour Jésus; elle est surtout un nouveau mode d'*être* qui est l'introduction à son mode de vie de Messie. En se faisant solidaire de l'homme jusque dans la mort, le Christ lui a ainsi permis de devenir partenaire de Dieu à part entière.

Cet événement nous invite donc à nous risquer dans l'Espérance.

Par la vérité incontestable de l'historicité de la résurrection, nous sommes invités à prendre conscience que Dieu nous a donné un cœur pour nous permettre de propager son Amour et son Espérance. Nous sommes invités, comme chrétiens, à suivre ses Lois mais, en contrepartie, Il accepte de nous guider avec tendresse; il nous appelle à confesser nos fautes, non pas pour nous punir, mais pour que nous puissions nous installer à demeure dans la certitude de Son Amour.

C'est Sa présence en nous qui nous donnera justement cette force agissante d'aller au-delà de nos faiblesses et de réaliser la magnificence de l'Alliance qu'il nous propose — de trouver Lumière, Vérité et Paix. Gardons donc à l'esprit que la Paix et la compréhension des Écritures sont les deux grands présents du Ressuscité à son peuple.

Disons-le, et que la chose soit claire: la Résurrection n'est pas une pensée pieuse, mais elle est bel et bien la clef de toute l'espérance cosmique et humaine. Le cœur de l'homme a été littéralement transformé par cet événement car, en ce Jésus ressuscité, nous sommes devenus de filiation divine. C'est ce qui nous permet de construire, à notre mesure, le Royaume de Dieu. En nous convertissant, nous revenons vers Lui et, surtout, nous devenons Témoins de ce qu'il nous fait vivre au-dedans.

JÉSUS PRÉSENT

J'EN ENTENDS CERTAINS, PARFOIS, PARLER DE L'EUCHARISTIE COMME D'UN SACREMENT ININTÉRESSANT ET DE PEU D'ENVERGURE. ÊTES-VOUS DE CEUX QUI PARTAGENT CETTE IDÉE?

Pourtant, l'eucharistie est un sacrement d'actualité, un cadeau du Père pour rester avec ses enfants. Il fallait une générosité et une prodigalité incontestables de Sa part pour imaginer un tel sacrement. Surtout si l'on remplace le mot «cadeau» par son synonyme de «présent», il prend là toute sa grandeur: l'eucharistie devient le présent de la Présence du Christ ressuscité, sa Présence au milieu de nous pour nous aider à avancer sur les routes parfois difficiles du quotidien.

Quand Moïse, au buisson ardent, demanda à Dieu son nom, il lui répondit simplement: «*Je suis Celui qui est!*» On ne pouvait imaginer de phrase qui exprime davantage — et de façon plus claire — l'actualité de l'action de Dieu. Dieu est Présent et veut me rencontrer dans l'instant présent. Une spiritualité qui semble simple, voire simpliste, mais qui met nos cœurs anxieux au défi: nous devons apprendre à être présent à Sa présence.

Voilà toute la dimension de l'eucharistie — une dimension que nous oublions trop souvent et trop facilement.

Quelle générosité de la part de ce Jésus ressuscité qui veut nous rencontrer pour nous transformer par ce sacrement qui reste indubitablement l'un des éléments clés, sinon l'élément par excellence, de la liturgie. Pensons à ce vieil homme qui se rendait tôt le matin dans l'église du curé d'Ars pour rester des heures durant en prière devant l'Eucharistie. Il disait: «*Je l'avise et il m'avise*» (Je le regarde et il me regarde). C'était un grand moment de joie dans son cœur de démuni.

Jésus veut ainsi nous rencontrer pour nous transformer.

Nous devrions pouvoir, comme chrétiens, avoir des endroits pour nous recueillir jour et nuit devant l'Eucharistie. Malheureusement, reconnaissons-le, nombre de nos églises gardent leurs portes fermées, même parfois en plein après-midi, et ne les ouvrent presque que sur *rendez-vous*. C'est une triste réalité, certes, mais qui ne doit pas nous empêcher de comprendre la grandeur du cadeau du Père par la Présence qu'il nous offre.

Nos cœurs doivent y être attentifs et nous devons accepter de nous laisser transformer. C'est cela l'essentiel.

ÊTRE L'HOMME NOUVEAU

JE NE LAISSERAI PAS AUX TENANTS DU NOUVEL ÂGE ET AUX DÉFENSEURS DES SECTES L'EXCLUSIVITÉ DE L'HOMME NOUVEAU.

Ils n'en sont pas, non plus, les précurseurs puisque, cet homme nouveau, l'Église nous le propose depuis des siècles et des siècles.

À regarder autour de nous, nous pouvons aisément constater que les choses ne tournent pas toujours rondement. À chaque fois que nous faisons ce constat, toutefois, nous avons tendance à nous empresser de trouver un coupable, avant de le pointer du doigt et le dénoncer haut et fort. Mais... cette façon de faire nous permet-elle d'avancer? J'en doute. Il existe toutefois une façon de contribuer à améliorer les choses, même si elle oblige en quelque sorte à prendre une part de blâme. «*Ouvrez donc tout grands les yeux. Regardez comment vous vivez. Croyez-vous que c'est cela que Dieu attend de vous?*» disait Jean-Baptiste. Sûrement pas.

Nous remarquerons que, dans la Bible, le prophète intervient lorsque les hommes commencent à croire que les rites et les prières récitées, *la religion de l'apparence*, contentent Dieu, leur laissant, du coup, toute latitude pour organiser leur vie selon les «valeurs» prônées par la société. Mais ce n'est pas parce que nous sommes croyants ou que nous sommes pratiquants, que nous avons été baptisés, que nous n'avons pas besoin de nous convertir, de mettre notre cœur au diapason de celui de Jésus.

Non, notre engagement doit être perpétuel. Nous devons oser nous sortir de notre péché, nous devons nous regarder lucidement, c'est-à-dire sans complaisance, mais sans culpabilité outrancière. Nous devons cesser de chercher de vaines justifications et admettre notre propre responsabilité dans la conduite de nos affaires. Lorsque nous saurons le faire, alors nous accéderons à un nouvel état d'être, à une nouvelle manière de vivre.

Nous deviendrons alors, avec et par Jésus, une créature nouvelle. Nous chasserons la médiocrité, la bêtise, le mensonge; nous passerons du mépris, de la passivité et de l'indifférence à l'Amour. Jésus nous donne tous les outils et les instruments dont nous avons besoin pour y parvenir, nous devons seulement oser nous écarter de tout ce qui nous empêche de nous épanouir dans l'amour.

Alors, et alors seulement, nous serons l'*homme nouveau*.

CONCLUSION

RENDEZ-VOUS AVEC JÉSUS

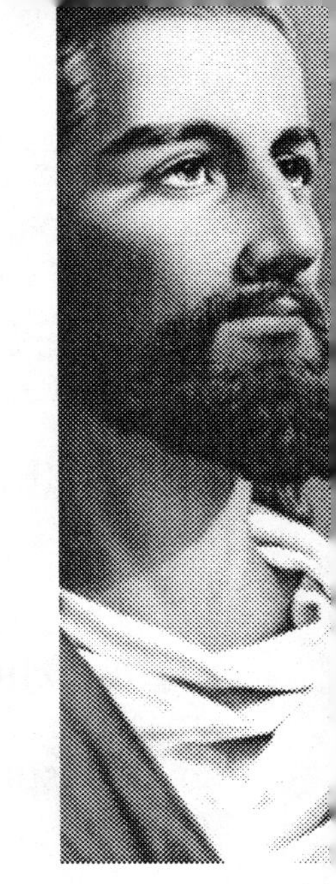

IL EST FACILE, POUR CELUI QUI A DÉCIDÉ DE RAYER LA FOI DE SA VIE, DE TOURNER EN RIDICULE CEUX QUI CROIENT SINCÈREMENT, PROFONDÉMENT.

Beaucoup de gens, de «*catholiques*» par le baptême même, le font fréquemment, tenant presque pour acquis que toute vie de foi, toute *expression* de foi, est un concept qui n'a plus cours aujourd'hui ou, tout au moins, qui ne devrait plus avoir cours. Au nom de la liberté, entend-on clamer. Il me semble qu'agir ainsi, c'est justement faire peu de cas de cette liberté dont ceux-là se réclament...

Parce que, moi, ma liberté, je l'ai mise au service de Dieu, de la foi et de l'Église. Il y a vingt-sept ans, maintenant, de cela — un anniversaire que j'ai célébré il y a tout juste quelques mois. Aussi bien vous le dire: le temps n'a pas émoussé mes convictions, pas plus que mon état d'être. Je suis un homme heureux, et d'autant plus heureux que jamais je n'ai regretté ce *oui* que le Seigneur m'a rendu capable de prononcer. Vous comprendrez donc pourquoi, lorsqu'on me félicite de ces années passées au service de l'Église, je me sens quelque peu *mal à l'aise*: j'ai comme le sentiment que je n'ai rien fait de moi-même, en ce sens que ce que j'ai fait, le Christ m'a donné la force de le faire.

L'Église est grande et belle, et je suis fier de la célébrer.

Je suis — encore — parfois blessé; je suis quelquefois choqué; tantôt je m'emporte, tantôt je refrène mes élans, mais jamais je ne reste indifférent car, pour moi, c'est l'indifférence qui tue le cœur de l'homme.

J'ai décidé d'exprimer ma foi et j'ai décidé de la défendre envers et contre tous.

AUSSI HEUREUX QUE JE PUISSE L'ÊTRE COMME PRÊTRE, AUSSI LAS JE SUIS DE CES ATTAQUES INSIDIEUSES DONT L'ÉGLISE EST VICTIME

de la part de ces gens qui, à la télévision, qui, à la radio, qui, dans n'importe quel média, portent des jugements tranchés et tranchants sur elle, comme si elle était un déshonneur, comme si elle était composée d'individus qui ont oublié d'évoluer. Certes, je ne le nie pas, l'Église a commis des erreurs, certains de ses représentants ont failli — et gravement même — et je pourrais rappeler ces mots de l'Évangile: *«Que celui qui n'a jamais péché lance la première pierre»*... C'est aussi, et c'est ce qui me blesse le plus, faire peu de cas de tous ces autres prêtres, de tous ces pasteurs, qui, en dépit d'un *abandon* de leur communauté, ont continué à assurer leur présence à ceux qui en avaient besoin. Naturellement, de cela, on parle peu: ce n'est pas «vendeur», pour parler marketing...

Nous pourrions, bien sûr, pour plaire à ceux-ci et à ceux-là, offrir un discours qui s'inscrive aux valeurs de l'heure, aux tendances de la mode. Une Église *prêt-à-porter*, qui ne coûte rien et qui convienne à tous et chacun. Eh bien! voilà justement un discours que l'Église ne peut pas tenir: «*Tu es Pierre et sur cette pierre je bâtirai mon Église.*» Le message reste le même depuis que Jésus a prononcé ces paroles; l'enseignement reste le même. L'homme est le même, peut-être est-il seulement plus tourmenté, plus anxieux. Plus inquiet.

La sagesse de l'Église a traversé les millénaires et Jésus est toujours vivant, voilà, à mon avis, la preuve de la pertinence de ce Message.

JE NE DÉTIENS PAS LA VÉRITÉ, PAS PLUS QUE PERSONNE, D'AILLEURS. MAIS JE CROIS TOUJOURS EN LA LÉGITIMITÉ DE LA FOI ET DE L'ÉGLISE,

même si nous, ses représentants, sommes parfois coupables, par prudence ou immobilisme, de la désaffection des chrétiens. Nous nous creusons la tête pour comprendre cette désaffection, pour trouver des moyens d'y remédier, mais nous craignons trop souvent de heurter les uns ou les autres... alors nous taisons ce que nous devrions dire et écartons les moyens que nous devrions utiliser.

Disons-le, c'est un fait: notre message ne passe plus que difficilement. Pourtant, il est toujours aussi percutant et adapté à notre vécu. *Vivant*.

Dans les pires problèmes, je crois, c'est que l'Église, qui a pourtant toujours été à l'avant-garde de son temps — c'est une réalité historique, n'en déplaise aux esprits chagrins —, hésite aujourd'hui à recourir à ce que l'on décrit comme les techniques ou les technologies nouvelles, *les médias de masse*, alors que les tenants de l'ésotérisme, du nouvel âge et des sectes, n'hésitent pas, eux, à s'en servir, et à outrance.

L'Église doit le faire, qu'elle s'en convainque: cela n'altérera pas son message, parce que Jésus est vivant.

Mais elle doit donner rendez-vous, aux chrétiens, avec Jésus; alors, les chrétiens eux-mêmes pourront dire: «*Jésus est vivant.*»

OUI, JÉSUS EST VIVANT ET JE L'AI RENCONTRÉ — JE L'AI DIT ET JE LE REDIS.

Je l'ai rencontré à travers cet homme, ce pape, Jean-Paul II, qui ne se lasse jamais de nous dire et de nous redire la beauté et la Grandeur de l'Évangile; il nous invite sans relâche et fermement à emprunter le chemin de la Vie en abondance...

Je l'ai rencontré à travers Mère Teresa, cette femme qui embrasse le sidéen et le lépreux, qui tend la main au laissé-pour-compte; elle nous indique, par l'exemple, le chemin de la solidarité et de la fraternité...

Je l'ai rencontré à travers ce couple qui a choisi de pardonner après qu'on eût assassiné leur enfant; il nous montre comment briser la chaîne de la violence et de la haine...

Je l'ai rencontré dans ce prisonnier qui a vécu la conversion; il nous exhibe — le mot est presque *choquant* —, malgré les barreaux et l'étroitesse de sa cellule, une liberté que nombre d'entre nous pourraient lui envier...

Je l'ai rencontré au travers de milliers de regards d'enfants; ils nous enseignent, par leur simplicité, plus que bien des théologiens...

Je l'ai rencontré dans cette Église, blessée, désemparée, questionnée; elle nous dépeint pourtant ce projet alimenté par Jésus lui-même...

Je l'ai rencontré dans la prière et la messe quotidienne; ils me procurent le privilège de *réaliser* que Jésus nous est tous accessible, à la seule condition de le vouloir. Vraiment.

OUI, JÉSUS EST VIVANT ET JE L'AI RENCONTRÉ.

Il m'a donné l'Espérance; sans elle, je ne serais rien — nous ne serions rien.